HEYNE FILMBIBLIOTHEK

SYLVESTER STALLONE
Seine Filme – sein Leben

von ULLI WEISS

Originalausgabe

WILHELM HEYNE VERLAG
MÜNCHEN

HEYNE FILMBIBLIOTHEK
Nr. 32/126

Herausgeber: Bernhard Matt

Redaktion: Cornelia Zumkeller

Copyright © 1988 by Wilhelm Heyne Verlag GmbH & Co. KG, München
Umschlagfoto: Bildarchiv Lothar Just, München
Rückseitenfoto: Bildarchiv Engelmeier, München
Innenfotos: Süddeutscher Verlag, Bilderdienst, München, Bildarchiv Engelmeier, München,
Deutsche Presseagentur, München, Robert Fischer, Ulli Weiss
Printed in Germany 1988
Umschlaggestaltung: Atelier Ingrid Schütz, München
Satz: Fotosatz Völkl, Germering
Druck und Verarbeitung: Ebner, Ulm

ISBN 3-453-03008-7

Inhalt

Das Interview 9
Ein Freund der Sterne 34
Die Kindheit – in der Küche des Teufels 39
Gestrandet im Kino – gelandet in Switzerland 59
Der Lord von Flatbush 71
Rocky – der »amerikanische Traum« erfüllt sich oder:
Die Welt der Champions 85
F.I.S.T. – Die Faust des Schicksals 105
Paradise Alley – »Vorhof zum Paradies« 124
Im »Reich des Bösen« 161

Filmographie 175
Quellenangabe und Danksagung 187
Register 189

Sylvester Stallone wurde im Elend geboren. Umgeben von Gewalt. Niemand hatte ihn gern. Seine Eltern keine Zeit. »Ich weiß, was es heißt, ein ungeliebtes Kind zu sein.« Er flüchtete zu ›Sindbad‹ und ›Herkules‹. »Ohne Kino wäre ich heute wahrscheinlich im Gefängnis.« – Zum Dank siegt der teuerste Leinwandheld aller Zeiten jetzt als ›Herkules‹ im ›Reich des Bösen‹. – Aber seine Flucht ist noch nicht zu Ende. Abgeschirmt von der Außenwelt, umgeben von Body-Guards, hat ihn immer noch niemand gern. Sein Leben – das phantastische Drama eines Superstars.

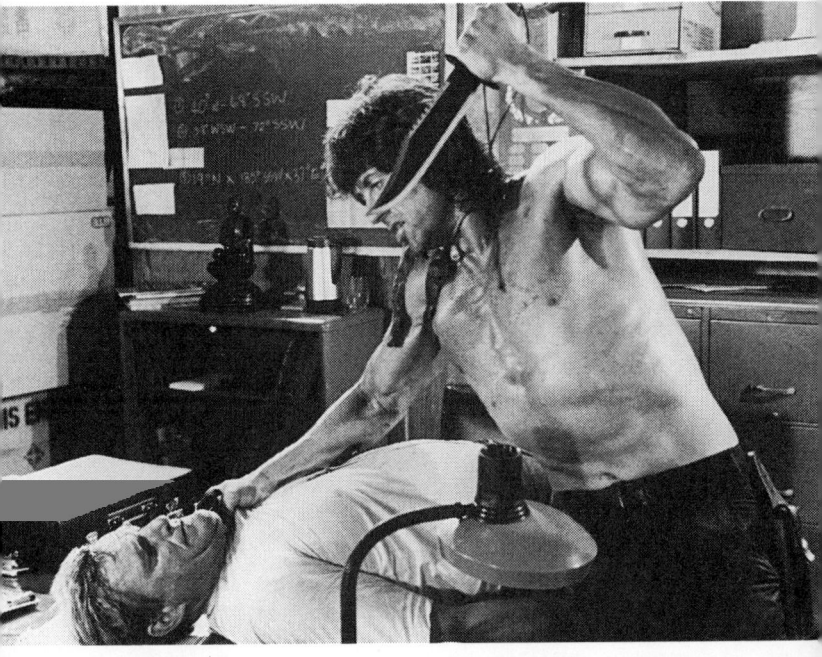

»*Ohne Kino wäre ich wahrscheinlich heute im Gefängnis.*«
(*Dem Verräter an die Kehle. Aber* ›*Rambo*‹ *tötet nicht. Hier ist sein Krieg zu Ende. Das Messer ragt in den Tisch.*)

*Dieses Buch
ist meinen Eltern gewidmet*

Das Interview

Fast einjährige Bemühungen, eine Vielzahl von Telefonaten, Briefen und Telefaxen zerschellten nahezu wirkungslos an dem schier undurchdringlichen Bollwerk aus Agenturen und Rechtsanwälten, die den teuersten und erfolgreichsten Leinwandhelden aller Zeiten vor den lästigen Anliegen der Außenwelt in Schutz nehmen. Eingeschlossen im elektronisch überwachten Hochsicherheitstrakt einer Hollywood-Villa, auf Schritt und Tritt – Tag und Nacht – in Begleitung seiner Leibgardisten, führt er ein Leben nach einem Traum, der wahr wurde. Er kommt von ganz unten. Aus der Gosse. Er hat Dreck gefressen, und niemand mochte ihn. Er hatte einen Sprachfehler. Seinen Lehrern galt er als schwererziehbar. Verhaltensgestört. Ein kritischer Fall. Heute ist er der Fall von Millionen und Abermillionen. Das Bewußtsein des einfachen Gemüts. »Ich versuche, die Sehnsüchte des Mannes von der Straße darzustellen.« Das macht er so gut wie keiner sonst. *Rambo II* brachte 200 Millionen Dollar.
Im Mai 1988 ein Telefongespräch mit Jacob Bloom. Er ist seit ewigen Zeiten Stallones Bevollmächtigter – sein Anwalt. »Wir sind sehr angetan von Ihrem Konzept. Und Sie wollen in Ihrem Buch tatsächlich nichts über Sylvesters Privatleben schreiben?« – »Nur soweit es für seine Entwicklung als Autor und Schauspieler relevant ist; seine Kindheit zum Beispiel wird schon reflektiert. Über die Scheidung von Brigitte Nielsen weiß ja ohnehin schon jeder Bescheid.« – »Gut. Gut. Wissen Sie, Sylvester interessiert sich sehr für Ihr Buchprojekt. Wieviel Zeit brauchen Sie denn für Ihr Interview?« – »Wie ich Ihnen bereits brieflich mitteilte, ich brauche so viel Zeit, wie Mr. Stallone dafür erübrigen möchte.« – »Er möchte natürlich etwas von dem Geld haben, das Sie mit dem Buch verdienen. Nicht viel. Nur ein bißchen – a taste of it.« – »Tut mir sehr leid. Aber wenn ich Ihnen verrate, wieviel ich an dem Buch verdiene, fürchte ich, nehmen Sie mich nicht mehr ernst. Eigentlich ist dieser Call nach Übersee schon gar nicht im Ho-

norar drin. Also reich wird man davon nicht. Im Grunde lohnt es sich nicht. Man tut es aus Überzeugung.«
Seit mich vor knapp zehn Jahren die grandioseste aller Introsequenzen, die ich je in einem Debütfilm sah, in *Paradise Alley,* aus dem Kinosessel hob, und ich einige Jahre später den stumpfsinnigen, mittelbemittelten *City Cobra* über mich ergehen lassen mußte, habe ich zu mir gesagt: Das gibt es doch nicht. Wie kann ein Autor sich so degradieren? Wie kann ein Mann, der einst von Hollywood als nächster Brando apostrophiert wurde, so tief sinken? Wieso verheizt sich eines der größten Talente, das die Traumfabrik je hervorbrachte, als moderner B-Picture-Herkules im Reich des Bösen? – Stallone war mit seinem ersten Film, *Rocky,* der dritte Künstler in der Geschichte des Films – nach Charlie Chaplin und Orson Welles –, der sowohl für den Autoren-Oscar als auch für den Oscar als bester Protagonist nominiert war. Er wurde in einem Atemzug genannt mit Francis Coppola und Peter Bogdanovich. Die Extraklasse der Hoffmans, Nicholsons, Pacinos und De Niros hatte ein neues Mitglied aufgenommen: Sylvester Stallone. Er zählte zu den großen künstlerischen Hoffnungen der Filmmetropole. Schön und gut – fast alle Großen hauen mal einen Hund rein: Coppola erntete Kopfschütteln für *One From the Heart;* Polanski vertat sich mit *Was?;* selbst der große Meister Hitchcock griff mit *Topaz* voll daneben und drehte einen Film im Geiste des kalten Krieges. Auch Schauspieler zeigen nicht immer ihre Schokoladenseite: De Niro enttäuscht in *Angel Heart;* Brando ist in *Apocalypse Now* eine mutige Fehlbesetzung; Warren Beatty und Dustin Hoffman bekleckern sich nicht mit Ruhm, wenn sie in *Ishtar* ein Kamel suchen. Doch keiner von ihnen hat so konsequent seine Begabung vernachlässigt wie Stallone. Sein kreativer Niedergang ist ein Drama Hollywoods – das phantastische Drama eines Superstars.
Rocky war keine kreative Eintagsfliege. Nach diesem überragenden Erfolg widmete sich Stallone noch zwei ambitionierten Projekten: seinem Regiedebüt *Paradise Alley* und *F.I.S.T.,* unter Norman Jewison (beide 1978). Beide Produkte waren ein kommerzielles Desaster. Das Publikum

Das Martyrium eines früheren Hoffnungsträgers. (›Rambos‹ Flashback im 1. Teil, bevor ihm die Sicherungen durchbrennen.)

In der ganzen arabischen Welt nach dem geeigneten Kamel gefahndet. Das Tier wurde gefunden. Der Film ein Flop. (Zwei Superstars hatten in ›Ishtar‹ für ihr Spiel genauso viel Platz wie auf dem Rücken eines Kamels.)

lehnte den anspruchsvolleren Stallone total ab, der sich fortan ausschließlich an den Einspielergebnissen orientierte. Das Geld, von da an Maß aller Dinge, verschluckte seine kreative Entwicklung. 1983, der erste Teil von *Rambo* hatte gerade mächtig eingeschlagen, war das Image vom neureichen Dämlack so festgeprägt, daß niemand seine exzellente Regieleistung an dem Tanzfilm *Staying Alive* bemerken wollte. In unseren Tagen geht es dahin im Groove von *Dirty Dancing*. Aber Hand aufs Herz – *Dirty Dancing* kann *Staying Alive* das Wasser nicht reichen. Vor allem die Montage der Finalsequenz ist vom Feinsten. Ideales Anschauungsmaterial für ein Schnittseminar der Filmhochschule. Wenn man Stallone schon jeden Sinn für die Filmkunst absprechen will, hier erweist er sich immerhin als virtuoser Handwerker.

Weiter im Telefonat mit Jacob Bloom: »Sollte Ihnen Mr. Stallone ein Interview gewähren, müßte natürlich gestattet sein, daß er das Buch, bevor es erscheint, korrigieren und gegebenenfalls unsachliche Passagen richtigstellen darf. Wir würden

Eine Frau, die süchtig macht. Ein Fall für die Intimspionage. (»Wie kannst du jemanden so sehr lieben, wenn es dir gleichzeitig so weh tut.«)

Ihnen ein entsprechendes Vertragswerk zusenden.« – »Ich verstehe Mr. Stallones Mißtrauen und Ängste. Aber wie ich schon sagte, das Buch beschäftigt sich primär mit dem Autor, Schauspieler und Regisseur Stallone und seiner Bedeutung für das heutige Filmschaffen. Was er im Schlafzimmer treibt, wie und mit wem, interessiert mich einen Dreck. Und wenn er mein Buch in seinem Sinne geschrieben haben möchte, dann sollte er vielleicht besser sein eigenes verfassen.« – Aus einem ausführlichen Brief an Stallones Leute war klar ersichtlich, daß sich das Buch schwerpunktmäßig mit Fragen auseinandersetzen möchte, die Stallone noch nicht – oder nicht ausreichend – beantwortet hatte. Zum Beispiel: die Bedeutung seiner früheren Existenzen auf sein heutiges Leben (Stallone ist ein überzeugter Anhänger der Wiedergeburt) – der Einfluß des Kinos auf seine Kindheit und sein späteres Schaffen – der Preis des amerikanischen Traumes – ein Superstar hinter der Kamera – Edgar Allan Poe: Visionen der Angst (Stallones Lieblingsprojekt).
Eine Vertiefung dieser Aspekte machte ein Interview notwendig. Seine Affären, seine Ausdauer als Liebhaber etc. sollten doch besser den Spezialisten der Intimspionage überlassen bleiben.
Jacob Bloom verabschiedete sich trocken: »Danke für Ihren Anruf. Sie hören von uns.« Damit war das Interview fürs erste gestorben.
Rambo III (»Prädikat wertvoll«) und einige PR-Auftritte führten Stallone dann im Juni '88 in die Bundesrepublik. Der Film startete mit 396 Kopien, aber der Abzug der sowjetischen Armee aus Afghanistan machte *Rambo III* im nachhinein lächerlich. Deshalb war Stallones Trip nach Deutschland mehr als ein Anerkennungsbesuch. Am 10. Juni '88 stand Stallone wieder im Mittelpunkt des öffentlichen Interesses. Er wollte nach Berlin-Ost, doch die sowjetischen Besatzungsbehörden verweigerten ihm den Zutritt. Stallone hatte womöglich im Sinn, das ganze Glasnost-Gerede Lügen zu strafen, konnte er sich doch an fünf Fingern abzählen, daß Rambo bei der Mimosität der kommunistischen Führer dort eine unerwünschte Person ist. Weder hat seine nicht sehr in-

telligente Aktion der Popularität Gorbatschows geschadet, noch seinem Film genützt. Höchstens, daß die am darauffolgenden Tag stattfindende Pressekonferenz – vor einer mehr als dürftigen Journalistenkulisse – das bestehende Desinteresse an der Person des Megastars überdeutlich zutage förderte. Der müde Auftritt am Checkpoint Charlie hielt offenbar Journalisten davon ab, der Einladung des agilen Verleih-Chefs Jürgen Wohlrabe zu folgen, am morgendlichen Austausch mit Rambo teilzuhaben. Seit Gorbi ist *Rambo* ziemlich out.

Am 11. Juni betritt ein angeschlagener Champ – in Schlangenlederstiefeln – den improvisierten Konferenzraum im Hotel Steigenberger. In seinem Geleit zwei Bodyguards und sein besonders unangenehm auffallender Bruder Frank, der es sich nicht nehmen läßt, in die Haut seines Bruders zu schlüpfen und stellvertretend die Autogrammbedürfnisse der drängelnden Schar meist sehr junger Fans mit seinem Namen auf Rocky- und Rambo-Postern zu befriedigen. Den Kids ist es wurscht, daß nur der Bruder seinen Servus abgibt. Aber

Schlüpfte im Steigenberger in die Haut seines Bruders. (Frank Stallone jr. hier mit der fabelhaften Cynthia Rhodes als Semiprofi in ›Staying Alive‹. Für seine Songs in diesem Film war er oscarnominiert.)

Frank, der in *Barfly* (von Barbet Schroeder) an der Seite seines Freundes Mickey Rourke einen versifften Bartender spielt, fühlt sich großartig – er darf für seinen berühmten Bruder unterschreiben.
Im folgenden Auszüge aus dem im Rahmen der Pressekonferenz geführten Interview, das einen verunsicherten (vielleicht nicht ganz ausgeschlafenen), unkonzentrierten, aber dennoch sympathischen und überaus humorvollen Sylvester Stallone vorstellt. Von dem Buch, das über ihn geschrieben werden soll, hat er offensichtlich noch nie etwas gehört.
(An einer Stelle ist das Interview ergänzt durch einen Beitrag, der einer Pressekonferenz mit der Auslandspresse in Hollywood entnommen ist. Im weiteren Verlauf des Buches werden bei Bedarf Teile dieses Interviews wieder zitiert.)

F für Frage – *SS* für Sylvester Stallone

F: Können Sie kurz erzählen, was gestern am Checkpoint Charlie passierte?
SS: Ich habe mich schon gefreut, rüberzukommen, weil ich hörte, daß mein Film Gegenstand irgendwelcher Propaganda geworden war. Ich selbst verfolge keine politischen Absichten mit meinem Film. Deswegen wollte ich dorthin gehen, um mit den Leuten auf der Straße über Glasnost zu sprechen. Ich dachte, es sei alles vorbereitet. Und dann sagten sie, jeder sei willkommen. Aber nicht Mr. Stallone. Ich konnte das einfach nicht glauben, und ich versuchte, mit Hilfe der US-Armee und der Botschaft doch noch hineinzukommen. Aber die sagten: »Nein!«. Das kam direkt von den Sowjets, nicht von den Ost-Berlinern.
F: Wurden Sie von den Ostdeutschen oder von den Russen überprüft?
SS: Zunächst von den Ostdeutschen. Dann kamen einige Leute in Zivilkleidung mit Kameras, speziellen Videokameras. Danach gingen sie zurück und redeten mit einigen Offiziellen, die auch keine Uniform trugen. Sie kamen zurück, und ich war der Meinung, immer noch mit den Ostdeutschen zu sprechen. Doch als dann der Anruf vom Konsulat kam, sagten sie, die Zurückweisung käme auf Geheiß der Sowjets.

F: Was denken Sie überhaupt über die Berliner Mauer?
SS: Meine Meinung über das, was dort passierte? – Ich glaube, das ist eine traurige Angelegenheit, denn ich ging davon aus, daß Glasnost im wesentlichen auf einen offeneren verbalen Kulturaustausch abzielt, der den kalten Krieg beenden soll. Die Menschen dürfen sich jetzt unterhalten, und ich glaube nicht, daß Sylvester Stallone eine Bedrohung für die Sowjetunion darstellt. Ich verstehe nicht, warum die mich nicht reingelassen haben. – Ich glaube, die haben da mehr Wirbel als nötig veranstaltet. Hätten sie mich doch nur reingelassen! Damit wäre der Fall erledigt gewesen. Verstehen Sie, ich finde das sehr seltsam. Ich versuchte schon zweimal, die Sowjetunion zu besuchen, aber jedesmal wurde mir das Visum kurz davor verweigert. Mittlerweile habe ich begriffen, daß sie mich nie reinlassen wollten. Doch sie wollten das niemals öffentlich sagen. Gestern konnten sie allerdings nicht anders, da mußten sie es tun.

Weiß jetzt, daß ihn die Russen nicht reinlassen wollen. (›Rambo‹, schon zu Beginn des 1. Teils, verstoßen im eigenen Land.)

F: Wo haben Sie die russischen Uniformen für *Rambo* her?
SS: Ausgeliehen in Ost-Berlin. (Er lacht.) Das ist der Grund, weshalb sie so sauer sind. Ich hab' sie nicht mehr zurückgegeben. (Er lacht.) Nein, nein, ich habe sie gekauft.
F: Beurteilen Sie den Gipfel zwischen Reagan und Gorbatschow nach dem gestrigen Erlebnis am Checkpoint Charlie anders?
SS: Vielleicht wäre ich reingekommen, wenn Gorbatschow dort gewesen wäre. Aber die Leute, die für ihn arbeiten, denken eben anders. Ich will mich nicht in Reagans Politik einmischen, weil es so aussieht, als ändere sie sich jeden Tag. Es ist schwer, da noch mitzukommen; und für mich ist es schon anstrengend genug, meine eigenen Lektionen zu lernen.

Lt. Podovski – ein Russe in Vietnam vor Glasnost.

F: In einigen Filmen behandeln Sie den Konflikt zwischen Ost und West. Und gestern, als Sie nach Ost-Berlin wollten, haben Sie wahrscheinlich gespürt, was das hier für eine harte Szene ist. Können Sie sich vorstellen, einen Film zu drehen, der hier in Berlin spielt? In Ost- und West-Berlin?

Entertainment in einem realistischen Umfeld. (Der Moment des Verrats. Amerikanische Kriegsgefangene in Vietnam sollen der Öffentlichkeit verschwiegen werden.)

SS: Ich würde wirklich gerne einen Film in Berlin drehen. Nur glaube ich nicht, daß ich genug über die politischen Verhältnisse in Deutschland oder die Politik des Westens weiß. In *Rambo* habe ich einen fiktiven Charakter in einer fiktiven Geschichte benutzt. In erster Linie geht es mir um Entertainment, das ich in einem realistischen Umfeld ansiedele. Aber ich sage nicht, wer recht und wer unrecht hat. Ich versuche nicht den Krieg zu beenden, genausowenig, wie ich den Krieg angefangen habe. Ich versuche, Rambo zur Hälfte realistisch und zur anderen Hälfte als Fantasy-Figur zu gestalten. Ich würde niemals einen Film machen, der eine politische Aus-

sage kolportiert. Ich glaube nicht, daß ich qualifiziert genug wäre.
F: Können Sie sich noch einen Rambo-Film vorstellen?
SS: Wissen Sie, was witzig ist? – Im ersten Originaldrehbuch von *Rocky* sollte der Kampf in Rußland ausgetragen werden. So wie er dann in *Rocky IV* stattfindet.
F: Nein, nein. Ich spreche von *Rambo* ...
SS: Rambo, ja richtig. In *Rocky* wollte ich die Berliner Mauer verwenden, habe aber dann diese Idee verworfen. Weiterhin hatte ich im Kopf, daß, wenn *Rambo* nicht in Afghanistan kämpft, er gefangengenommen würde und in einem Arbeitslager landete. Dann würde er quer durch Sibirien fliehen. Er hätte phantastische Abenteuer erlebt. Wie Sie sehen – nichts ist unmöglich. Ich habe eine Menge Ideen, die Mauer zu thematisieren, glauben Sie mir; es ist nur verdammt schwer, rüberzukommen.
F: War die Änderung in der Weltpolitik ein Problem bei der Realisierung von *Rambo?*
SS: Das hat zwei Seiten. Die eine, natürlich, ist die Kriegspolitik, die Tatsache, daß der Krieg zu einem Ende kommt, ist phantastisch. Die andere Seite ist, daß immer noch, während wir hier sitzen, Menschen sterben. Das große Problem dieses Krieges sind die drei Millionen Flüchtlinge. Und von denen werden wieder Tausende sterben. Wenn alles in Ordnung ist, sind vielleicht zehn Jahre vergangen, aber Amerika scheint sich zu ändern. Es möchte glauben, daß man sich mit den Russen anfreunden könnte. Die Presse reagiert verärgert, wenn da jemand zeigt, was die Russen wirklich tun. Ich finde das komisch, denn immer, wenn in Amerika ein Vietnam-Film produziert wird, der die Irrtümer beschreibt, die wir gemacht haben, ist es ein großer Erfolg, und alle sind glücklich. Oh ja. Filme wie *Coming Home* oder *Platoon* zum Beispiel. Wenn wir einen Film über die Russen machen, flippen alle aus. Sie greifen mich an, als hätte ich den ganzen Mist angefangen. Ich habe den Krieg nicht begonnen. Ich mache einen Film, der hauptsächlich meiner Phantasie entspringt; andererseits zeige ich nur, was passiert. Es ist seltsam, wirklich sehr seltsam.

(Eine Kollegin des AFN macht Stallone auf die unrealistische Konzeption der Rambo-Figur und die Tatsache aufmerksam, daß mitunter junge Soldaten dadurch in die Irre geführt werden könnten.)

F: Sie wollen doch nicht leugnen, daß *Rambo* besonders auf die jungen Soldaten großen Eindruck gemacht hat?

SS: Ich glaube, viele Menschen gehen zum Militär. Und viele tun das in dem Glauben, Helden zu sein. Sie wollen irgend etwas prüfen. Sie glauben an irgend etwas. Man braucht starke Nerven; es bedarf großer Disziplin. Und ich denke, wenn Sie einen Film wie diesen sehen, funktioniert das genauso wie damals, als wir uns John Wayne anschauten. Genau das wollte ich machen. Ich wollte ein Held sein. Ich wollte meine Familie stolz machen. Und das ist die Basis für *Rambo*. In dieser Hinsicht, glaube ich, übe ich einen guten Einfluß aus, jawohl.

F: Rambo darf sich nie verlieben. Wenn er es täte, wie würde diese Frau aussehen?

Zärtliche Nähe zur weiblichen Gefährtin. Co Bao steht ihren Mann. Sie befreit ›Rambo‹ aus den Klauen der kommunistischen Folterknechte. Aber sie muß sterben.

SS: Ganz einfach. Rambo verliebt sich niemals, weil er einen Unfall in Vietnam hatte. Wenn er es nun doch täte, sähe diese Frau wahrscheinlich so aus, wie die Braut von Frankenstein. Sie würde mehr Narben haben als er. Nein, nein. Ich glaube, in den Filmen hatte er für die Liebe einfach keine Zeit. Aber vielleicht im nächsten. Dieses Mal wollte ich, daß er sich selbst findet. Beim nächsten, glaube ich, werden wir vom Krieg Abstand nehmen. Jetzt haben wir die Russenkiste drin, doch würde ich *Rambo* jetzt drehen, schickte ich ihn wahrscheinlich nach Panama. Ich würde *Rambo* gerne ein bißchen mit Noriega plaudern lassen. Das wäre sicher eine sehr interessante Unterhaltung.

F: Oh ja, Sie erwähnten Noriega. – Wie denken Sie über Drogen?

SS: Darüber sprach ich vor zwei Wochen mit einem amerikanischen Polizisten, und er sagte etwas, das sehr beunruhigend ist. Er meinte, daß die ganze (junge) Generation kaputt sei. Es gibt keinen Weg, das Problem zu klären. Es gibt keine Möglichkeit zu gewinnen. Die anderen haben mehr Geld, sie haben die besseren Waffen, und sie brechen ständig die Gesetze. Das Recht dagegen muß sich an das Gesetz halten. – Man sperrt dich ein, schickt dich ins Gefängnis. Kriminelle, Drogenhändler, die haben doch keine Moral. Denen ist alles scheißegal, und du kannst nicht gewinnen. Was da stattfindet, ist der gefährlichste Krieg überhaupt in der Welt – weil er alles zerstört. Eines Tages haben sie eventuell die Grundfesten ausgehöhlt. Dieser Krieg zerstört Familien. Er zerstört die gesamte nachfolgende Generation. Ich glaube, man sollte diese Leute wie Tiere behandeln. Ehrlich – die haben keine Rechte. Ich würde mit denen gründlich aufräumen. Wie Sie sehen, denke ich da sehr strikt. – Wenn man in Amerika genügend Geld hat, kann einem überhaupt nichts passieren. Sie können einen zehnmal einsperren und er kommt zehnmal wieder raus. Ich glaube, das ganze System müßte reorganisiert werden. Andernfalls wird es sich selbst zerstören. Das ist ohne Frage eine Katastrophe.

F: Die Ablehnung, die die Vietnam-Veteranen zu erdulden hatten, nachdem sie aus dem Krieg kamen, wird in Ihren

Einer, der gründlich aufräumt. ›Cobretti‹, der Zombie-Cop in ›City Cobra‹. ›Rambos‹ kleiner Bruder.

Rambo-Filmen niemals wirklich tiefgründig reflektiert. Zum Beispiel in der Szene zwischen Trautmann und dem Polizisten in der Kneipe, wenn sie denken, Rambo sei tot, da wartet man darauf. Statt dessen verflüchtigt sich das Thema, und der Dialog ergeht sich in Oberflächlichkeiten. Der Film wird mehr und mehr zu einem reinen Action-Film. Es hat den Anschein, als hätten Sie an dieser Stelle den Dialog bewußt rausgeschnitten.

SS: Das ist richtig. Ich nahm diesen Dialog aus dem Film, weil ich nicht wollte, daß Rambo spricht, bis das Ende des Films gekommen ist. (Rambo taucht in jener Szene gar nicht auf!!!) Ich glaube, das Visuelle kommt im Kino besser. Ich kann mich mit Bildern besser ausdrücken als mit Worten. Es ist besser für das Publikum, und es ist besser für mich. Versuchte einen Mann zu beschreiben, der in seinem eigenen Land gejagt wird wie ein Feind. Und am Ende des Films, wenn dieser Mann spricht, tut er das seit Jahren zum ersten Mal; und ich glaube, dann kommt alles mit einer solch ungeheueren Intensität, daß der Effekt größer ist, als wenn Rambo den ganzen Film über gesprochen hätte. Rambo ist wie ein verletztes Kind. Die Armee war seine Mutter, seine Familie. Und wenn er zurückkommt und abgelehnt wird, ist er so tief verletzt – ich meine, er lebt immer noch in einem fremden Land. Als er zurückkommt, versteht er es nicht mehr. Er verhält sich wie ein ängstliches Kind. Das wollte ich in diesem Film zeigen, anstatt darüber zu reden. Das Reden überlasse ich lieber anderen Regisseuren, die können das besser.

F: In den Vereinigten Staaten steht eine Präsidentschaftswahl vor der Tür. Haben Sie es in Betracht gezogen, für einen der Kandidaten Wahlkampf zu treiben. Glauben Sie, daß man Sie dort gerne sehen würde?

SS: Sie haben mich schon gefragt. (witzelt) Nein, im Ernst. Zur Zeit sind beide Kandidaten ein großes Rätsel für mich. Sie hören nicht auf, immer dasselbe zu sagen, Jahr für Jahr, und nichts ändert sich. Es fällt mir schwer, das ernst zu neh-

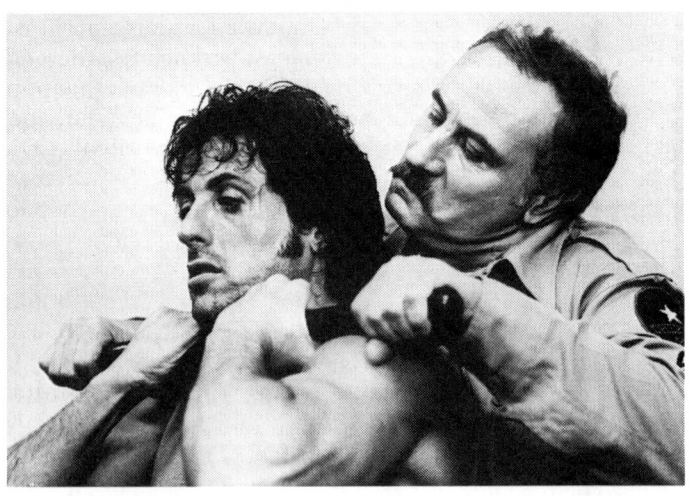

Die Action dominiert ›Rambos‹ Anliegen.

men. Sie sagen, jeder wird einen Job kriegen. Das ist großartig, nicht aber die Tatsache, daß es keine Arbeit gibt. All die Sachen werden in Taiwan hergestellt. Alle Autos werden in Japan gebaut. Wir gehen dazu über, vieles aus Korea zu importieren; der ganze Stahl kommt schon vorgefertigt an. Für mich ist das alles nichts anderes als ein großes Buhlen um Popularität. – Wer wird Mr. Amerika? Mir ist das ernst. Das einzige, was sie nicht tun, ist, mit dem Bademantel herumzulaufen. Ich glaub' das nicht.
F: Aber würden die Sie nicht gerne mit freiem Oberkörper herumlaufen sehen?
SS: Ich stelle fest, daß George Bush offensichtlich über sehr wertvolle Erfahrungen verfügt. In den nächsten Monaten muß er sich beweisen, und es wird sich herausstellen, ob er genügend Kenntnis für eine Präsidentschaft mitbringt. Aber wissen Sie, was das Frustrierende an den Regierungen ist? Wer auch immer gewählt wird, er ist die ersten drei Jahre damit beschäftigt, die Fehler der vorangegangenen Regierung auszubügeln. Auf diese Weise geschieht eben nie etwas. Wissen Sie, was ich meine? Es ist wie in einem großen Boot mit vielen Löchern. Und es dauert erst mal drei Jahre, all die Löcher zu stopfen. Sobald das Boot wieder klargemacht ist, finden die neuen Wahlen statt. Das ist wirklich frustrierend. Ich bin da sehr ungeduldig. Ich wünschte, daß überhaupt irgend etwas passiert. Sie reden und reden in einer Tour, aber nichts geschieht. Für mich geht es um Bildung. Punkt. Die Menschen wissen höhere Bildung nicht mehr zu schätzen. Das durchschnittliche Qualifikationsniveau nimmt ständig ab. Der Handel mit Drogen drängt sich für die arbeitslosen Jugendlichen förmlich auf. Sie fragen sich, weshalb sie sich einen Job suchen sollen. Ich kann hier draußen auf der Straße mehr Geld machen als während einer vierjährigen College-Ausbildung. So läuft es doch ab. Haben Sie gewußt, daß in Amerika die Lehrer nur halb soviel verdienen wie ein Müllmann?
F: Ihr Bruder hat ebenfalls eine Laufbahn als Schauspieler eingeschlagen. Können Sie sich vorstellen, mit ihm zusammen einen Film zu drehen, als sein Partner?

SS: Ja, doch die einzige Möglichkeit, einen Film zusammen zu machen, wäre, wenn wir siamesische Zwillinge spielten. Dann wären wir gleich. Ist doch richtig, Frank? (Die Brüder grinsen sich zu.)
Ich glaube, wir sollten einen Film über die Mafia machen. In der Art der biblischen Kain-und-Abel-Geschichte. Und Frank wäre natürlich Kain (lacht).
F: Der berühmte deutsche Psychoanalytiker Eugene Jussek, der in Ihrer Nachbarschaft lebt, schrieb ein Buch über einen seiner Patienten, der unter Hypnose detailliert seine früheren Leben beschrieb.* Sie als überzeugter Anhänger der Wiedergeburt, haben Sie niemals über ein solches Experiment nachgedacht, um diese Erfahrung als Basis eines neuen Films zu benutzen? Ihr Unterbewußtsein würde Ihnen gewissermaßen das Drehbuch diktieren.
SS: Das ist aber sehr interessant, weil ich so etwas schon ausprobieren möchte. In der Tat bin ich total fasziniert von der Arbeit mit dem Unterbewußtsein. Wenn ich ein Problem beim Schreiben nicht lösen kann, wenn ich ein Brett vorm Kopf habe, kann ich an nichts anderes denken. Ich schließe diese Frage in meinen Kopf ein und gehe damit schlafen. Zu 90 Prozent ist sie am nächsten Morgen beantwortet. So gehe ich damit um.
Auch glaube ich in einer bestimmten Form an Wiedergeburt, denn irgendwie gibt es Menschen, die mit bestimmten Segnungen geboren werden. Wie ist es erklärbar, daß einige Leute zu wilden Tieren gehen können und ihnen nichts passiert? Würde ich dasselbe tun, ich würde gefressen werden. Ich glaube, das ist alles sehr mystisch, was damit zusammenhängt. Diese Welt fasziniert mich. Um auf Ihre Frage zurückzukommen: Vielleicht versuche ich es einmal.
F: Es ist kein Geheimnis, daß Ihre Kindheit sehr unglücklich war. Was bedeutete das Kino für Sie in jenen Jahren?
SS: Das Kino war wie eine Familie für mich. Ich begann erst richtig zu leben, als ich jeden Samstag ins Kino gehen konnte. Und ich blieb dort von früh bis spät. Ich hatte immer das Ge-

---

* *Eugene, Jussek:* Der Weise in uns

Das Idol der Kindheit in einem Film von heute. (Lou Ferrigno als der vorläufig letzte Herkules der Filmgeschichte. Kurz vor Troja, genauso entschlossen wie ›Rambo‹.)

fühl, daß das Kino mein zweites Zuhause ist. Ich glaube, ich wäre heute, wenn es kein Kino gäbe, im Gefängnis. (Er lacht.) Ich wüßte einfach nicht, was ich mit mir anfangen sollte. Das Kino ist die wundervollste Sache überhaupt. Es ist ein Geschenk. Ich betrachte es als ein Geschenk Gottes. Und ich danke ihm dafür jeden Tag – Kino ist einfach das Beste.

Oben und links: Die Feinde aus der Kindheit ›Im Auge des Tigers‹. (Monster wie damals in ›Sindbad und das Auge des Tigers‹, 1974.)

Rechts: ›Paradise Alley‹: Ein kreatives Feuerwerk. Visuell zum Staunen (links oben).
Äußerst sensibel in der Sprache der Bilder (rechts oben). Gefühle von Hoffnung (links unten). Und Tom Waits von Stallone fürs Kino entdeckt (rechts unten).

F: Was für Filme haben Sie gesehen?
SS: Ich sah Fantasy-Filme. Zum Beispiel *Herkules* und *Sindbad;* ungefähr die Entsprechung zu dem, was Spielberg heute macht. An ernsten Geschichten war ich nicht interessiert. Ich liebte Fantasy: Monster, komische Typen und Gnome.
F: Nach dem Flop Ihres Debütfilms *Paradise Alley* haben Sie sich ziemlich von ihm distanziert. Für meine Begriffe haben Sie Ihrem ersten Film damit keinen Gefallen getan, ihn so zu unterschätzen. *Paradise Alley* besitzt einige großartige Sequenzen, die Ihnen erst mal ein anderer Debütant nachmachen soll. Daneben besticht der Film durch hervorragend komponierte Bilder. Ich habe mich gefragt, wo Sie diese visuellen Fähigkeiten herhaben.

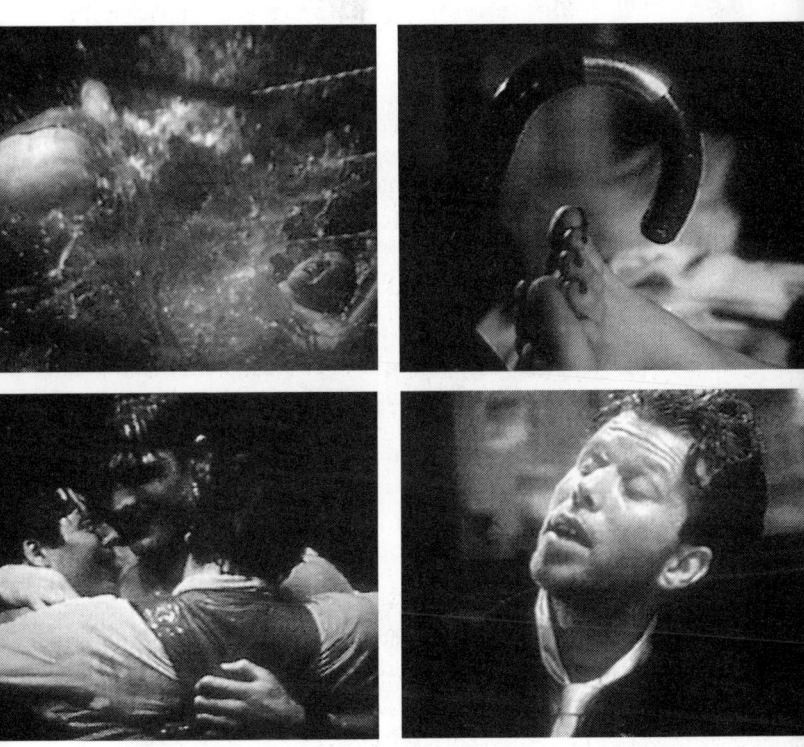

SS: Paradise Alley war der erste Film, den ich selbst als Regisseur gemacht habe. Und ich hab' mir vor lauter Angst fast in die Hose geschissen. Damals bemühte ich mich, die Welt aus verschiedenen Blickwinkeln zu sehen, anstatt alles so einseitig zu betrachten. In *Paradise Alley* wußte ich noch nicht soviel, ich probierte einfach verschiedene Perspektiven aus. Das geschah zu einer Zeit, als ich sehr schlechte Publicity hatte und die amerikanische Presse mich nicht sehr mochte. Das hat dem Film bestimmt geschadet. Aber wenn ich zurückblicke, bin ich stolz auf ihn. Es ist ein guter Film, es ist ein guter erster Film, aber ich glaube, meine Publicity kastrierte den Film ein wenig. Ich muß sagen, daß ich damals einiges besser gemacht habe als heute. Verstehen Sie?

F: Die Schnittarbeit in Ihren Filmen ist außerordentlich eindrucksvoll, wie die Finalsequenz in *Staying Alive* zeigt. Mit welchem Konzept gehen Sie an den Schnitt heran? Benutzen Sie ein Storyboard?

SS: Nein. Ich nutze meine Ungeduld. Damit meine ich, wenn ich mir drei Sekunden einen Gegenstand betrachte, beginnt er sich zu bewegen. Ich kann mir dieses Rambo-Poster da hinten anschauen, nach zwei oder drei Sekunden fange ich an, über etwas nachzudenken. Ich will mich bewegen, vorankommen. Dasselbe empfinde ich bei der Montage. In den alten Tagen des Kinos haben sie lange Einstellungen gedreht. Z.B. John Ford und John Huston. Das hatte seinen Sinn. Heute wächst eine ganze Generation mit MTV auf, das ist sehr viel schneller und macht folglich ungeduldiger. Ich versuche, so viele Images wie möglich in eine Sequenz hineinzubringen, so daß Sie keine Zeit haben zu denken. Der Film reißt Sie mit. Das ist mein Ziel. Es dauert sehr lange. Ich bin sehr stolz auf die Cutter. Die arbeiten wie die Pferde. In *Rocky* z.B. müssen sie zunächst eine viertel Million von Schnitten bearbeiten, bevor wir mit der Szene zufrieden sind. Die einzelnen Stücke sind nur zwei, drei Zentimeter lang: nur eine Bewegung, ein kurzer Blick. Niemand bemerkt es, aber der generelle Effekt ist, daß es absolut realistisch aussieht. Manchmal verbringen wir einen ganzen Tag damit, ein einzelnes Bild zu suchen – ein winziges Stückchen macht es dann perfekt.

Ein Bild unter einer Viertelmillion. (Ivan Drago ist erschüttert – die Wende eingeleitet.)

F: Ihr Lieblingsprojekt ist die Verfilmung des Lebens von Edgar Allan Poe. Poe träumte den *American dream* nie. Er war ein Pessimist voller Skeptizismus und Angstvisionen. Ist das die andere Seite von Sylvester Stallone?
SS: Natürlich. Ich glaube, jeder sollte über seinen Schatten springen. Jeder hat zwei Seiten in sich – eine positive und eine negative. Wenn du alles glaubst, was du hörst, gerätst du in Schwierigkeiten; dein Gehirn wird gewaschen, und du wirst wie eine Maschine sein. In diesem Sinne gibt es eine pessimistische Seite in mir. Der Pessimist in mir ist es auch, der die Fragen stellt. Ich möchte diese Filme gerne produzieren oder in ihnen Regie führen. Doch das Publikum identifiziert mich zu sehr mit Rocky oder Rambo; deshalb werde ich nicht selbst spielen.
F: Was wird aus Rocky?
SS: Nun, mich interessiert vor allem eins: Wie verhält er sich, wenn ihm das Schicksal so vieler anderer Kämpfer widerfährt. Er soll all seinen Reichtum verlieren und dorthin zu-

rückkehren, wo er hergekommen ist. Zurück auf die Straße. Dort ist er so arm, wie er es noch nie in seinem Leben war. Das interessiert mich. Wie wird einer damit fertig. Das wird sehr kompliziert, denn Rocky weiß nicht mehr, was los ist. Wenn er begreift, wo er gelandet ist, verhält er sich wie ein Kind auf der Straße. Er betrachtet die Dinge so, wie das ein kleiner Junge täte. Und er ist total unschuldig. Es wird auch einen Kampf geben am Ende des Films. Ein Action-Ding. Dieser Kampf wird aber nicht im Ring stattfinden. Er setzt ein, wenn er von den Dingen betrogen worden ist, die er am meisten liebt.

F: Brigitte Nielsen ...?

SS: Als ich Brigitte kennenlernte, war sie für mich die liebste, lustigste, lebhafteste, zärtlichste und tollste Frau, die ich je getroffen hatte. Für mich war sie die Traumfrau, nach der ich mein Leben lang suchte. Es kam mir wie ein Wunder vor. Ich lernte sie außerdem zu einem Zeitpunkt kennen, als ich auf so eine Frau gehofft hatte. Damals, während der Dreharbeiten zu *Rocky IV,* erhielt ich versehentlich einen schweren Schlag. Ich mußte sofort ins Krankenhaus und lag zwei Wochen auf der Intensivstation. Damals schlief Brigitte auf dem Fußboden neben meinem Krankenbett. Sie pflegte mich, sie kaufte meine Lieblingsblumen. Sie hatte Angst um mich. Damals entschloß ich mich, sie zu heiraten. Damals sagte ich mir, daß sie die Frau ist, mit der ich meinen 80. Geburtstag feiern möchte. Ich war wahnsinnig glücklich. Die ersten Monate unserer Ehe waren wohl die schönsten meines Lebens. Doch dann ging irgendwas schief. Ich weiß bis heute nicht, was es war. In der Presse stand zu lesen, Brigitte hätte mich sowohl mit einer Frau als auch mit Männern betrogen. Doch das halte ich heute noch für ein übles Gerücht. Vielleicht war unsere Beziehung heiß, wild und leidenschaftlich, doch hat sie sich dann plötzlich abgekühlt. Auf jeden Fall krachte es, und als sich der Qualm verzogen hatte, starrten sich zwei Fremde an. Ich versuche, so wenig wie möglich daran zu denken, weil es mir immer noch Schmerzen bereitet. Jeder, der sich je in einer ähnlichen Situation befand, weiß, wie weh solche Auseinandersetzungen tun. Die Erinnerung und der

Schmerz werden nie vollständig verschwinden. Damit werde ich immer leben müssen.
F: Können Sie sich vorstellen, noch mal zu heiraten?
SS: Ich? – Ich sehe vielleicht dumm aus, und manchmal tue ich auch verrückte Sachen. Aber ich habe mir zwei Guards (zeigt auf sie) angeschafft, und wenn ich Anstalten mache zu heiraten, dann werden sie mich einsperren, direkt ins Gefängnis. Ich glaube, ich brauche ungefähr fünf Jahre, um mich zu erholen. Heiraten kann ich mir im Moment nicht leisten.

Ein Freund der Sterne

Sylvester Stallones irdisches Dasein begann seiner Ansicht nach nicht erst mit dem Tag seiner Geburt am 6. Juli 1946. Er ist ein überzeugter Anhänger der Reinkarnationslehre und behauptet selbst, schon vorher, in früheren Leben, existiert zu haben: Während der Französischen Revolution fand sein Leben ein schreckliches Ende – er wurde enthauptet; ob wegen seiner republikanischen oder seiner royalistischen Gesinnung, das steht nicht genau fest. Als Indianerfürst herrschte er in Südamerika. Bevor er als Schöpfer von Rocky und Rambo das Licht der Welt erblickte, erfüllte sich seine dritte und vorletzte Reinkarnation als Wolf – ein Räuber, der durch die Wildnis streift und bei Vollmond am gefährlichsten ist, wie es der oft verfilmte Mythos vom Werwolf überliefert.
Als Freund der Sterne, für den bis zum heutigen Tag die Voraussagen der Astrologie ein Maßstab geblieben sind – so sehr, daß er unlängst die Premiere und den Start von *Over the Top* verschieben wollte –, wird Mr. Stallone, nachdem seine früheren Existenzen nunmehr bekannt sind, nichts dagegen einwenden, daß der chinesische Mondkalender, die älteste Zeitrechnung der Menschheit, einiges über sein aktuelles Leben preisgibt und weissagt. Schon im Jahr 2637 v. Chr. wußten die Gelehrten über einen Menschen wie Stallone – im Zeichen des Hundes mit einem positiven Feuerelement geboren – bezüglich seines Charakters und seiner Tatkraft folgendes zu sagen (im übrigen sind Liza Minelli und R. W. Fassbinder ebenfalls Feuer-Hunde): »Wer im Jahr des Hundes zur Welt kam, ist ehrlich, intelligent und unumwunden. Dieser Typ ist gewöhnlich lebhaft, attraktiv und strahlt Sex-Appeal aus. Unter der häuslichen Schirmherrschaft des Hundes kommt Harmonie ins Heim, Patriotismus und unerschütterliche Treue zu allem, wofür der Hund einsteht.«* Wenngleich R. W. Fassbinder eher das Gegenteil von Sex-Appeal ausstrahlte und er in diesem Punkt seinem Zeichen wenig Ehre

---

* *Theodora Lau: Das große Buch der chinesischen Astrologie*

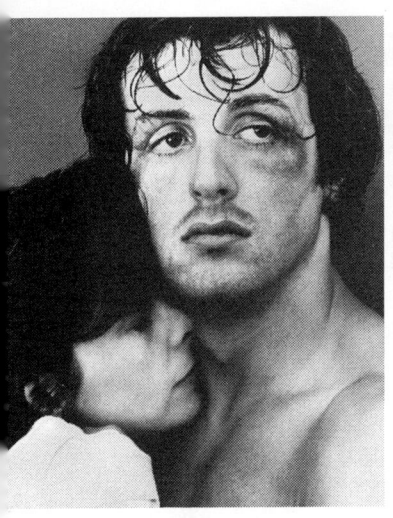 

Das Ende von ›Rocky I‹ und ›Rambo I‹. (›Rocky I‹ – der Bezwungene schreit nach Liebe. ›Rambo I‹ – der Unbezwingbare ist allein.)

einbrachte, ist es ein unumstößliches Faktum, daß die beiden Alter egos von Stallone, Rocky und Rambo, sehr wohl Produkte einer gesellschaftlichen Entwicklung waren. Sie waren jeweils die Personifizierung der gerade aktuellen Ausformung des amerikanischen Patriotismus. Der aufkommende kollektive Optimismus, der mit Jimmy Carter ausbrach, verhalf dem begrabenen Mythos vom Land der unbegrenzten Möglichkeiten zu einer grandiosen Auferstehung. Nach der Erschütterung durch Watergate und der schmerzlichen Niederlage in Indochina war *Rocky* der erste Kinohit der Ära Carter. Doch die weiche Art und das sympathische Peanuts-Grinsen des Mannes aus Georgia vermochten auf Dauer die Schädigungen des amerikanischen Selbstwertgefühls nicht zu reparieren. Jimmy Carter ging, Ronald Reagan, dem Kinopublikum noch aus zahlreichen *Law-and-Order*-Filmen bekannt, wurde sein Nachfolger. Die Phase defensiver Aufarbeitung der historischen Verunsicherung durch Watergate und Vietnam war beendet, die Zeit, zum alten Stolz (»America is

still the home of the brave«) zurückzukehren, gekommen.
Stallone traf, fünf Jahre nach *Rocky I,* mit seinem Rambo-Charakter wieder genau ins »schwarze Loch« der amerikanischen Sehnsüchte. Die Demütigungen der jüngsten Geschichte, zum Beispiel der mißglückte Versuch, die Geiseln aus der Teheraner US-Botschaft zu befreien oder der wachsende Antiamerikanismus, brachten eine Kinofigur hervor, die mit unerschütterlichem Glauben und todesmutiger Selbstlosigkeit Amerikas Unbezwingbarkeit demonstriert. Was *Rocky* für Jimmy Carter war, bedeutet *Rambo* für Ronald Reagan. War *Rocky* das moderne Märchen vom »amerikanischen Traum«, der in einer Zeit des Zweifelns das Gefühl der Unschuld wiedererweckte, so ist *Rambo* das moderne Märchen von der »Unbezwingbarkeit der USA« und ruft zur Stärke in »God's Own Country« auf. Es mag paradox anmuten, daß Stallone der filmische Performer zweier so entgegengesetzter politischer Richtungen wie Carter und Reagan sein konnte, vor allem, daß er den politischen Klimawechsel von der moralischen Wiedergutmachung der Carter-Periode zum offensiven Hardliner-Kurs der Regierung Reagan bruchlos mitvollzieht, sich sogar als sein reinster Verfechter profiliert. Hierzulande ganz unmöglich, wenn man sich vorstellt, daß Volker Schlöndorff nach der Wende plötzlich einen Film im Geiste Helmut Kohls gedreht hätte (statt dessen verfilmte er auf Wunsch Arthur Millers den *Tod eines Handlungsreisenden* in New York) oder Edmund Stoiber gegen Atomkraft demonstriert. In den Vereinigten Staaten ist sowas durchaus denkbar – die frühere amerikanische UNO-Botschafterin Jean Kirkpatrick, eine eingefleischte Hardlinerin, ist keine Parteifreundin von Ronald Reagan, sondern Mitglied der Demokraten.
Stallone unterhält Millionen Menschen auf der ganzen Welt mit den neuen-alten Tugenden des amerikanischen Geistes. Zeigt das nicht, wie sehr die Vision von Freiheit und Gleichheit (gepaart mit der »Auge um Auge, Zahn um Zahn«-Mentalität der Pionierzeit) gleichermaßen in allen Kontinenten gehegt wird? Fast hat es den Anschein, daß Sylvester Stallone und mit ihm alle Fans von Brooklyn bis Arkansas, von Hel-

Stallone widerspricht Gerüchten um ›Rockys‹ politische Ambitionen. Im 5. Teil soll der Boxer all seinen Reichtum verlieren und auf die Straße zurückkehren. Am Ende des 4. Teils beschwor er sein Publikum mit dem Geist von Helsinki und hielt eine inhaltlich nicht zu beanstandende Rede: »Während dieses Kampfes hat sich vieles verändert. Das, was ihr über mich gedacht habt, und das, was ich über euch gedacht habe. Heute standen hier zwei große Kämpfer, die sich beinahe umgebracht hätten. Aber ich glaube, es ist besser, als wenn das 20 Millionen tun. Ich will damit nur erklären, wenn ich mich ändern kann, dann könnt ihr euch auch ändern – dann muß sich auch die ganze Welt ändern können.«

sinki bis Neapel, von Bangkok bis Sydney nur eines im Sinn haben, nämlich gute Amerikaner zu werden. Natürlich sind jene Ambitionen an Rocky nicht spurlos vorübergegangen. Im vierten Teil seines Märchens begegnet er seinem Pendant aus dem »Reich des Bösen«. Und nachdem er in einem Boxkampf auf Leben und Tod das sibirische High-Tech-Monster ausgeknockt hat, beschwört er in einer versöhnlichen Rede den Geist der Genfer Abrüstungsverhandlungen. Im fünften Teil, so verlautet es aus der Gerüchteküche, soll Rocky den Ring verlassen und in den Kampf ums Weiße Haus eingreifen. Doch bis dahin wird man in den USA einen neuen Präsidenten gewählt haben. Und wenn es Michael Dukakis schaffen sollte und die Russen aus Afghanistan abgezogen sind, dann wird John Rambo hoffentlich endlich einen vernünftigen Job finden, kann Rocky als ungeschlagener Champion seinen Rücktritt erklären, und Sylvester Stallone hat genügend Zeit, sein Lieblingsprojekt über das Leben des großartigen Dichters Edgar Allan Poe zu verwirklichen, der allen Geschichtenerzählern folgendes vermacht hat: »Es ist meine Absicht, darzulegen, daß an der ganzen Komposition nichts auf Zufall oder Eingebungen zurückzuführen ist, daß vielmehr das Werk Schritt für Schritt mit der Sicherheit und Folgerichtigkeit einer mathematischen Lösung seiner Vollendung entgegengegangen ist.«

Die Kindheit – in der Küche des Teufels

So traumhaft sich Sylvester Stallones Aufstieg vom ehrgeizigen Kleindarsteller zum Hollywood-Superstar vollzog, so traurig und lieblos verlief seine Kindheit in dem »toughen« New Yorker Slum »Hell's Kitchen«, wo er im Juli 1946 in der Wohlfahrtsabteilung eines Krankenhauses zur Welt gebracht wurde. Schon der kleine Unfall, der sich während seiner Geburt ereignet haben muß, könnte im nachhinein als Omen für seine qualvolle Kindheit gedeutet werden.
Das Team, das Jacqueline Stallone am 21. Juli 1946 half, ihren ersten Sohn zur Welt zu bringen, war möglicherweise nicht so gut ausgebildet wie die Kollegen in den Privatpraxen, möglicherweise auch total überlastet, so daß vielleicht eine Unachtsamkeit im Umgang mit der Geburtszange passierte; jedenfalls hinterließ die Geburt bei dem Neugeborenen eine schwere Behinderung. Als Folge einer Lähmung der linken Gesichtshälfte hingen sowohl sein linkes Augenlid als auch sein linker Mundwinkel schlaff herunter. Wahrscheinlich haben sich weder Mutter und Vater noch das Klinikpersonal das Baby Sylvester genau angeschaut, denn erst zu Hause bemerkten die Eltern, daß es auch die Lippen linksseitig nicht bewegen konnte. Wieder im Krankenhaus, konstatierten die Ärzte, daß der Geburtsschaden irreparabel und mit einer erheblichen Sprachstörung zu rechnen sei. Sie sollten recht behalten – Sylvester Stallone tat sich schwer mit dem Erlernen der Sprache, sehr schwer.
Während draußen vor den Fenstern der ärmlichen Behausung der Stallones der Kampf gegen das Elend, gegen »Hell's Kitchen« täglich seinen Tribut forderte – Gewaltverbrechen, Selbstmord, Drogensucht etc. –, flogen drinnen die Fetzen. Nicht etwa weil Binky, so Sylvesters erster Spitzname, mit seinem Geschrei seinen Eltern den letzten Nerv tötete – nein! Mit Jacqueline Labofish, einer attraktiven, grazilen Tänzerin aus Billy Roses berühmtem Diamond Horseshoe Club, und

Frank Stallone, der gerade die Fachschule für Friseure absolviert hatte, hatten sich ein exzentrischer Charakter und ein autoritäres, neapolitanisches Temperament gefunden. Der strenge und despotische Sizilianer Frank und die schöne, überkandidelte Vorstadt-Ballerina Jacqueline gerieten ständig aneinander. Selbst über den Namen ihres Erstgeborenen konnten sie sich nicht einigen. Eigentlich sollte Sylvester nach dem Lieblingsschauspieler seiner Mutter, Tyrone Power, benannt werden. Doch Papa Frank bestimmte noch ehe seine Frau aus der Narkose erwachte, zwei traditionelle Namen für seinen ersten Sohn: Sylvester und Gardenzio. Als Jacqueline sich darüber mit ihm streiten wollte, waren sie schon im Geburtenregister eingetragen.

Im Grunde konnten sich Frank und Jacqueline Nachwuchs nicht leisten. Um dem Dreck des miesen Milieus zu entkommen, mußten beide von früh bis spät schuften. Daher war Binky die ersten zwei Jahre seines Lebens im Stadtteil Queens bei einer freundlichen Frau untergebracht, deren mütterlicher Pflegedienst für Slumbewohner gerade noch erschwinglich war. Nur die Wochenenden verbrachte er bei seinen Eltern, die für ihn nichts weiter als verbindliche Fremde sein mußten. Zu einer halbwegs intakten Bindung zwischen Eltern und Kind scheint es auch später, im Kleinkindalter, nicht gekommen zu sein. Aufzeichnungen beschreiben den kleinen Sylvester einerseits als verstockt, andererseits als aufsässig seinen Eltern gegenüber. Hin und wieder mußte ein Gegenstand dran glauben, den Binky in seiner Verzweiflung demolierte. Dazu Stallone in einer Erinnerung: »Ich weiß, was es bedeutet, ein unerwünschtes Kind zu sein, ein mißhandeltes Kind ...«

Zu einer richtigen Familie gehören mindestens zwei Kinder, müssen Jacqueline und Frank wohl gedacht haben und setzten diesen Gedanken in die Tat um. 1950 bekam Sly, so wurde Binky jetzt gerufen, ein kleines Brüderchen mit dem schlichten Namen Frank jun.

Allmählich trugen auch die immensen Anstrengungen Früchte, die die Stallones unternahmen, um ein erträgliches Leben zu führen. Die vom Mund abgesparten Rücklagen

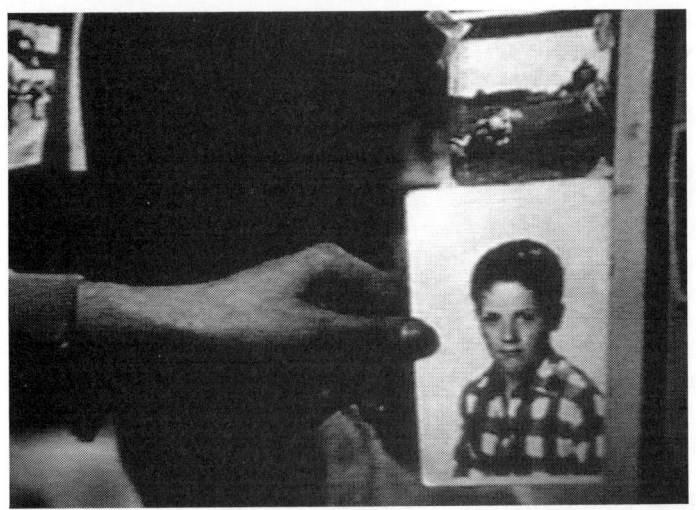

Ein ungeliebtes Kind, das nicht richtig sprechen konnte. (In ›Rocky I‹ ist dieses Bild aus der Kindheit Stallones Anlaß zur Besinnlichkeit.)

reichten als Anzahlung für einen Kosmetiksalon in Maryland/ Washington, wohin die Familie 1951 übersiedelte. – Endlich raus aus dem Ghetto.

Die Energien, die den Underdog aus dem Slum treiben, scheinen sich um ein Vielfaches zu multiplizieren, wenn er im anderen Milieu nur mit dem richtigen Fuß ankommt. Mit Franks italienischer Emigranten-Zähigkeit erfüllte sich sein Traum vom Haus im Grünen, wo seine Söhne aufwachsen sollten, reiner, als seine Hoffnungen ihn dazu berechtigten. Nicht nur, daß der Barbiere aus Napoli alsbald Besitzer einer Ladenkette wurde, auch fand er in einer Farm den Platz seiner Träume, der ihm darüber hinaus eine zusätzliche Einnahmequelle bescherte: die Zucht von Polo-Ponys.

Trotz des wachsenden Wohlstandes und der idyllischen Umgebung änderte sich für Sly nichts. Im Gegenteil. Mit zunehmendem Alter wurde ihm sein Handicap bewußter, wurde ihm klarer, weshalb seine Versuche, Spielkameraden zu gewinnen, auch in Maryland scheiterten. Er war anders, ganz

anders. Er konnte nicht richtig sprechen. Man kennt den Sadismus von Kindern und die Grausamkeiten, die sie ihresgleichen antun. Und man kann sich leicht vorstellen, welch unglaublichen Demütigungen Little Sylvester ausgesetzt sein mußte. Den Rückzug in die Geborgenheit einer Familie verhinderten die Eltern mit den Zwistigkeiten untereinander (die auch der passable Lebensstandard nicht verringerte) und einer permanenten Geschäftigkeit. Außerdem waren Sly und sein kleiner Bruder Frank jun. der Obhut eines Kindermädchens anvertraut. Frank jun. äußert sich rückblickend unmißverständlich zu jener Zeit und nimmt dabei kein Blatt vor den Mund: »Unsere Eltern gingen sehr fahrlässig mit uns um. Sly erlebte massive Ablehnung durch sie, sowohl was Berührungen betrifft als auch emotional. Wir sind nicht gerade in einer glücklichen Familie groß geworden.«
In seiner völligen Vereinsamung flüchtete er sich in Aggressionen, um der Welt ein Lebenszeichen zu geben. Er identifizierte sich mit dem Comic-Strip-Hero *Superboy,* der für Wahrheit, Gerechtigkeit und Mamas Apfelkuchen Kopf und Kragen riskiert. Um seinem Helden gleich zu sein, entwarf Sly ein eigenes *Superboy*-Kostüm. Stolz trug er es: ein Trikot mit roten Shorts, ein Sweatshirt mit einem draufgemalten S und einen Frisierumhang. Er lief damit nicht auf der Straße herum, denn dann hätte ja jeder gewußt, wem er nacheifert. Er benutzte diese Verkleidung als Unterwäsche. Irgendwie muß er aber doch in einem Gefühl von Freude einem Mitschüler von seiner »phantastischen Unterwäsche« erzählt haben. Der hatte nichts Besseres zu tun als dieses kleine Geheimnis sofort dem Lehrer mitzuteilen. Sly wurde daraufhin von diesem aufgefordert, sich der Klasse als *Superboy* zu präsentieren. – Großes Gelächter in den Bänken: »Low-Lip-Stallone will ein Held sein!«
Die Bloßstellung von unantastbarer Intimität und deren elementare Verletzung durch die Freigabe zur öffentlichen Verspottung führen bei Erwachsenen gelegentlich zum Amoklauf. Ein Kind mit einem Sprachfehler rächt sich auf seine Weise an seiner Umwelt und an sich selbst. Zu diesem Thema werden eine Menge Geschichten aus Stallones Kindheit kol-

portiert. Einmal soll er sämtliche Autoreifen in der Umgebung aufgeschlitzt haben, dann wieder waren es die Autotüren, die er angeblich verkratzt hat. Eine andere Version spricht nur von abgebrochenen Autospiegeln. Berichtet wird auch von einem lebensgefährlichen Einfall, der ihn auf das Dach der Farm in Maryland brachte. Anders als der ungezogene Junge aus Grimms Märchen, der das Verbot der Eltern mißachtet, das Haus mit aufgespanntem Regenschirm verläßt, vom Wind erfaßt und weit, weit weg getragen wird, hatte Sly nur den einen Wunsch: mit dem Regenschirm der Farm seiner Familie gen Himmel zu entkommen. Daraus wurde nichts. Wäre Sly nicht in einer halb mit Wasser gefüllten Wanne gelandet, die sein Vater zum Anrühren von Zement aufgestellt hatte, hätte er sich das Genick gebrochen. So kam er mit dem Schrecken davon, aber der Himmel war in noch weitere Ferne gerückt. Vor allem, weil Papa Stallone die renitenten Versuche seines Erstgeborenen, mit seinem Unglück fertig zu werden, immer weniger verstand und als sein eigenes Unglück ansah. Er, der dynamische Figaro, Italiener mit Leib und Seele, aufbrausend und streng katholisch, hatte es schließlich zu etwas gebracht in der Neuen Welt. Frank sen. konnte nicht begreifen, daß ausgerechnet er einen behinderten und mißratenen Sohn gezeugt haben soll. Zumal Frank jun. einen fabelhaften Eindruck hinterließ und voll die Zuneigung des Vaters genoß. Frank jun. machte seinen Eltern keinerlei Schwierigkeiten. Er war in jeder Hinsicht gesund, sah gut aus, spielte wie der Teufel Gitarre und offenbarte eine außergewöhnliche musikalische Begabung. Trotzdem sagt er: »Ich haßte meine Familie, außer meinem Bruder ... Manchmal stritten wir miteinander, aber wir liebten uns. In einem gewissen Sinne war er eine Vaterfigur für mich.«

Sly wurde neun, und seine Fehlentwicklung nahm so beängstigende Formen an, daß die Eltern allerlei Initiativen ergriffen, um die Versäumnisse im Kleinkindalter auszugleichen. Zur Kräftigung der Gesichtsmuskeln belegte Sly Saxophonstunden. Bei den Pfadfindern wurde er Pimpf, trat dort auch in einem Kindertheater auf. Und ein Psychologe wurde eingeschaltet. Nach einer Gewaltaktion gegen ein Automobil,

Kino – das Ventil zur Zerstörungswut. Kino machen – die Besserungsanstalt für Asoziale.

das er für einen Panzer hielt und mit Ziegelsteinen attackierte, bis es nicht mehr wiederzuerkennen war, legte die Jugendbehörde von Maryland eine Akte über ihn an. »Damals hätte ich jede Stubenfliege, die ich auf der Motorhaube eines Autos entdeckte, mit einer Brechstange erschlagen«, charakterisiert er sein damaliges Innenleben. Und: »Mein Bruder hatte seine Gitarre, und niemand konnte sein Talent bestreiten. Ich dagegen hatte kein Ventil.«
Unterdessen hatten die Spannungen zwischen Jacqueline und Frank sen. offensichtlich so zugenommen, der Druck sich so sehr verstärkt, daß sämtliche Ventile verschlissen waren, die für Druckausgleich hätten sorgen und die Lebensgemeinschaft hätten retten können: Kinder, ein Haus im Grünen, ein komfortabler Lebensstil, Erfolg und gesellschaftliches Ansehen – es gab nichts mehr, wonach man hätte streben können – und damit auch kein Ventil mehr. Der katholische Traditionalist Frank Stallone sen. hatte im Land der unbegrenzten Möglichkeiten mit allem, was ihm zur Verfügung

stand, die gnadenlose Härte des amerikanischen Traumes besiegt, war vom Underdog zum erfolgreichen Bürger aufgestiegen; aber den italienischen Kodex von Ehre und Familie mußte er in der Neuen Welt brechen. – Es half alles nichts mehr. Das eheliche Zerwürfnis war perfekt, die Scheidung unausweichlich. 1957 wurde diese praktisch und offiziell vollzogen. Die beiden Söhne, so einigten sie sich, sollten im jährlichen Wechsel bis zur Volljährigkeit mal bei der Mutter, mal beim Vater verbringen. Sly, dessen extreme Anpassungsschwierigkeiten keinem verborgen blieben, war jetzt gezwungen, sich jedes Jahr auf eine neue Umgebung einzustellen. Dies mag unter Umständen seine Flexibilität vergrößert haben, doch die Spaltung in Mutter- und Vaterjahr förderte eher seine Verlorenheit.

Mit 15 oder 16 begann er zu malen: Bilder in Öl, voller Spannung und Zorn; Phantasien von Gewalt in bissigen Farben. Sogar Frank sen., der ansonsten von den Fähigkeiten seines ältesten Sohnes nicht sonderlich überzeugt war, fand ein lobendes Wort für die ersten kreativen Gehversuche Slys. Soweit bekannt, handelte es sich hierbei um die einzige positive Bemerkung des Vaters über Sylvester. An und für sich hielt er diesen Sohn für ziemlich unfähig. Einmal sagte er zu ihm: »Du bist nicht mit besonders viel Verstand auf die Welt gekommen. Du tust gut daran, deine Muskeln zu trainieren.« (Diese Replik benutzt Stallone übrigens in *Rocky I*.) Für den sensiblen Sylvester muß diese Äußerung geradezu niederschmetternd gewesen sein, machte sie ihm doch unmißverständlich klar, was für einen Nichtsnutz man in ihm sah; denn daß er nicht mit Klugheit gesegnet war, das stand so gut wie fest, und mit seinem schmächtigen, rachitischen Körper wird er es auch nicht zu viel Muskeln bringen – glaubte man.

Nach der Scheidung zog Jacqueline nach Philadelphia um, wo sie zum zweiten Mal heiratete – einen Pizzafabrikanten. Er finanzierte ihr die Eröffnung eines Schönheitssalons. Dort betreute sie – gemäß ihrer Lebensprämisse »Gesundheit und Schönheit über alles« – die Frauen der Stadt in den Fragen richtiger Ernährung, körperlicher Fitneß und Maniküre: Der Weg zu einem gesunden Geist führt eben nur über einen ge-

Folter in Vietnam: Das Leiden eines Mannes, der schon als Kind ausgestoßen war.

sunden Körper. Die Schönheit folgt auf dem Fuß. Jacqueline Filita, wie sie jetzt hieß, war happy. Der richtige Mann, der richtige Beruf – einfach das richtige Leben. Derweilen griff Sly zum letzten Mittel der Einsamen: Er versuchte sich mit Eiskrem und anderen Geschenken Freundschaft zu erkaufen. Bestechung dieser Art funktioniert zumeist reibungslos unter Kindern, weil sie dann einen in ihren Reihen wissen, der so wenig Rechte beansprucht, daß er die anderen fürs Dabeisein materiell entschädigt. Kann sein, daß Slys Angebote an die Kinder der Nachbarschaft nicht großzügig genug waren. Einerlei – nicht mal für Geld wollten sie mit ihm spielen; so wenig war er wert. Ablehnung kann nicht endgültiger und verletzender sein. Während seine Eltern das Elend der »Hell's Kitchen« weit hinter sich gelassen hatten, schlug für Sly das Elend seiner Kindheit erst voll zu. In der friedlichen Gegend im Nordosten Philadelphias im einen Jahr, genauso wie auf der Pony-Farm in Maryland im darauffolgenden.

All jene Fans, die zu Millionen Stallone in ihre Herzen geschlossen haben, und seine Kritiker, die ihn nur für einen reaktionären Scharlatan halten, wissen nichts von der Kindheit seiner Protagonisten Rocky und Rambo. Im Kino zeigt sich der »italienische Hengst« als Unterprivilegierter mit dem *tikket to paradise*. Er hat ein einfaches bis einfältiges Gemüt, ist kinderlieb und treu und kann im Grunde keiner Fliege etwas zuleide tun. Er explodiert, wenn ihm ein Feind im Ring begegnet und die Intaktheit seines Lebens bedroht. Bis es soweit ist und Rocky sich erneut als Champion beweist, muß er jedesmal mit seiner Frau Adrian eine Entfremdungsphase durchstehen. Rocky ist stets der Gewinner. Rambo dagegen immer der Verlierer, der Betrogene, der sich für andere den

Zwei Feindbilder: Clubber Laing, das Tier, seine größte Herausforderung; Ivan Drago, das High-Tech-Monster, der Kampf des Jahrhunderts.

Das korrigierte Feindbild: Apollos letzte Stunde hat geschlagen.

Arsch aufreißt, sein Leben riskiert und noch nicht einmal einen Job als Parkwächter kriegt. Es wäre interessant zu erfahren, ob John Rambo ein Fan von Rocky Balboa ist. Oder ob dieselben Kleinstadt-Faschisten, die in *First Blood* (dem ersten Rambo-Film) den desillusionierten Vietnam-Veteranen zuerst – einfach so, weil er zu lange Haare hat – einsperren, mißhandeln und ihn dann zum Freiwild erklären, hinterher, nach getaner Arbeit, ins Kino gehen, um dort Rocky zuzujubeln, der im dritten Teil den Nigger-Punk Mister T halb totschlägt.

Wie gesagt, wir wissen nichts über die Kindheit von Rocky oder Rambo; aber wen würde es erstaunen, wenn sie nicht ebenso schrecklich aufgewachsen wären wie Sylvester Stallone, der die »Küche des Teufels« überlebt hat.

Es drängt sich allerdings die Frage auf, ob er sie auch tatsächlich verlassen hat, die »Küche des Teufels«, wo die fatalen Rezepte zubereitet werden. Unterscheidet sich die jetzige Situation des Megastars, der von seinesgleichen in Hollywood nicht akzeptiert wird, von der des kleinen Sly, der sich Anerkennung erkaufen will? Hollywood, nicht die Schickeria und ihre Gefolgschaft, sondern das »reinrassige Hollywood«, die wahren Größen wie Jack Nicholson, Warren Beaty, Robert Redford, Meryl Streep, Sydney Pollack, die Fondas und die Douglases, um nur einige zu nennen – für sie ist Stallone kein Ebenbürtiger, obschon er unbestritten der kommerziell er-

folgreichste aller Leinwandhelden ist und wahrscheinlich auch der kommerziell erfolgreichste Filmautor der Gegenwart. Mit *Rambo III* soll er nun endgültig zum legitimen Nachfolger John Waynes avanciert sein. Er, Sly Stallone, der John Wayne der achtziger und neunziger Jahre?
John Wayne wurde geliebt, nicht von allen, aber von sehr vielen. Er war der bevorzugte Protagonist der amerikanischen Klassiker John Ford und Howard Hawks. In unzähligen Western hat Ford ganze Indianerstämme ausgerottet. Dies hielt die Cineasten in Westeuropa, inklusive der BRD, nicht davon ab, seit Ende der sechziger Jahre in Scharen in die Spätvorstellungen zu pilgern, um sich von Fords *The Searchers* mit John Wayne und der blutjungen Natalie Wood beeindrucken zu lassen. Auch der Prinz des Neuen Deutschen Films, Wim Wenders, war einer von ihnen. Gehe ich zu weit, wenn ich in

Der Nachfolger von John Wayne und sein Mentor. Kommunisten – die Indianer von heute.

Motiv aus ›The Searchers‹. (Herbert Achternbusch: »Hätte ich diesen Film gemacht, würde ich aufhören, Filme zu drehen.«)

›Hammett‹ – wenn der Traum zum Trauma wird.

den großartigen Bildern seines *Paris, Texas* John Fords Blick auf Landschaften gekrönt sehe? – Und in dieser Landschaft entdecke ich stets den Protagonisten, den klassischen Helden John Wayne, durch den ich den Respekt vor der gewaltigen *location* empfinde. Wenders' Protagonist Travis (Harry Dean Stanton) durchreitet diese Landschaften nicht. Er hat auch keinen Grund, aufrecht zu gehen. Er ist gebrochen und kaputt. Er ist auf der Suche nach einer Frau, nach seiner Frau. Er hat sein Gedächtnis verloren, und er sucht seine Geschichte.

Ich erinnere mich an eine Fernsehdokumentation über Wenders und seine Erfahrungen als neudeutscher Hollywood-Regisseur. (Wenders inszenierte für Coppolas Zoetrope-Studio den Krimi *Hammett.*) Wenders saß in einem offenen, amerikanischen Cabrio, vielleicht in New Mexico, und blickte über die weite Landschaft. Und in einer Mischung aus Resignation und Bewunderung sagte er: »Amerika ist schon ein großes Land.« Zugegeben – dies ist nicht frei von Kitsch. Aber erscheinen die Bilder von *Paris, Texas* vor dem inneren Auge, wird der verzweifelte Harry Dean Stanton lebendig, bekommt man eine milde Ahnung davon, wie Wenders zumute gewesen sein mußte, als er nach dem *Hammett*-Fiasko seinen Traum von Amerika begrub. In der Leidensgeschichte des Travis spiegelt sich möglicherweise das ganze Scheitern eines Deutschen, für den der amerikanische Traum – scheinbar zum Greifen nahe – zum Trauma wurde, das nur im Erinnerungsverlust die langsame Wiederfindung der eigenen Identität zuläßt. Freilich bezieht diese ihre Kraft aus der Larmoyanz, denn beschwert hat er sich schon, der Wim, daß die Welt in Hollywood nicht so ist, wie er sich das erträumte. (Wenders lebt nach mehrjährigem Auslandsaufenthalt wieder in der BRD, genauer gesagt, in der gespaltenen Stadt Berlin.)

Vielleicht ist es vermessen zu behaupten, Wenders sei ein Enkel des großen John Ford, so wie Stallone der Nachfolger John Waynes. Jedenfalls gelang ihm mit *Paris, Texas* in der Typisierung der Harry-Dean-Stanton-Figur ein herausragender Film und ein prototypischer Protagonist, der das deutsche Schuldgefühl eines Regisseurs der 68er-Generation in der Figur eines geschichtslosen Amerikaners verkörpert, der vor lauter Selbstmitleid richtig anrührt. Ist das nicht Wenders selbst? – der Amerikaner ohne Geschichte, der in seinem wirklich unter die Haut gehenden *Amerikanischen Freund* so glänzend amerikanisch war. Wenders, der, wie er selbst bekennt, ohne Rock'n'Roll Jurist geworden wäre, traf mit Bildern, die man nie vergißt, mitten ins Herz von *New Hollywood*. Francis Coppola, derart hingerissen, verpflichtete ihn daraufhin für die Traumfabrik. Wenders war somit, nach Bernhard Wicki, der erste Regisseur des Neuen Deutschen Kinos, dem diese Art internationaler Wertschätzung zukam. Doch seine deutschen Träume vom amerikanischen Regisseur scheiterten schon an Coppola, dem selbsternannten

Die Suche mit einem Meisterwerk beendet. (›Paris, Texas‹: Travis – der Amerikaner ohne Geschichte.)

Paten der kinematographischen Erneuerung, der die Formel »Wir schmieden die Zukunft aus der Vergangenheit« seinem Produktionskonzept zugrunde legte. Dabei ignorierte er die Gegenwart, den sogenannten Zeitgeist völlig. So engagierte

›Hammett‹ – »*Die Zukunft aus der Vergangenheit schmieden.*«

Coppola z. B. den verdienten Gene Kelly als Oberhaupt des Tanzdepartments, anstatt einen innovativen Choreographen aus der Bronx zu holen – um wenigstens an einem Beispiel die Fragwürdigkeit seines Planes zu konkretisieren. Zu *Hammett:* Coppola wollte einen europäischen Regisseur mit amerikansichen Wurzeln, einen klassischen Genrefilm – also klassische Vergangenheit – realisieren lassen. Wenders, der »Amerikaner ohne Geschichte«, aber mit zweifelsfrei amerikanischen Wurzeln, der seine eigene deutsche Wirtschaftswunder-Vergangenheit mit »Otto Normalverbraucher« und »schaffe, schaffe Häusle baue« wie die meisten der 68er nur mit Ekel ertragen kann, überwand diese »Geschichtslosigkeit« in seinen früheren Filmen mit Protagonisten, die grundsätzlich dem Wort mißtrauen, sich der Sprache verweigern und mit der Wirklichkeit nicht zurechtkommen. Daraus hat er eine spezifische Art der Inszenierung geschaffen, die seinen Filmen etwas Unverwechselbares gibt. Wenn ich ihn richtig verstehe, benutzt Wenders die aktuelle Atmosphäre des Schauplatzes. Der Schauplatz wird zum Medium der Improvisation. Der Schauplatz und alles, was er beherbergt und ausstrahlt, wird zum unsichtbaren Drehbuch, wobei das tatsächliche Skript nur ein ergänzender Entwurf mit Zuträgerfunktion ist. Coppola verstand nicht, daß dies die eigentliche Qualität von Wim Wenders ausmacht. Dogmatisch hielt er an seinem Grundsatz fest. Er ignorierte die Gegenwart. Wenngleich Wenders in *Hammett* mit seinem fabelhaften Handwerk und seinen Bildern begeistern konnte (in Frankreich wurde *Hammett* zur besten ausländischen Produktion gekürt), mußte er dennoch zähneknirschend und nach unzähligen Auseinandersetzungen einen nicht besonders originellen Genrefilm abdrehen, der 30 Jahre zuvor sicher eine Sensation gewesen wäre.

Paris, Texas markiert einen Höhepunkt im Schaffen des europäischen Nachkriegskinos; nicht nur die begehrte Goldene Palme in Cannes ist ein Beleg dafür. Wahrscheinlich ist kein anderer lebender Europäer von Format derart geprägt vom klassischen amerikanischen Hollywood wie Wenders. Und hätte er seinen Ford, Hawks und wie sie alle heißen, nicht so genau studiert und begriffen, sähe *Paris, Texas* sicher anders aus – wenn es ihn überhaupt gegeben hätte. So gesehen hat Wenders mit Stallone wahrscheinlich mehr zu tun, als den Kritikern und ihm selbst lieb ist.

Paris, Texas und sein Protagonist Travis, den er zusammen mit dem amerikanischen Dramatiker/Schauspieler Sam Shephard entwickelte, war Wender's vorläufig letzter Versuch, ein Amerikaner zu werden. Die Verrisse in der amerikanischen Presse, die den »Amerikaner ohne Geschichte« nicht bejammern wollte, veranlaßten Wenders, den Glauben an Amerika zu beerdigen und erst mal *Den Himmel über Berlin* zu entdekken. Wenders: »... ausgerechnet so ein Film *(Paris, Texas)*

wird dann als europäischer Intellektuellenkram hingestellt. Das hat mich wirklich getroffen. Wahrscheinlich war das der Grund, weshalb ich nach Europa zurückgekehrt bin.« Und: »Hollywood ist das Sündenbabel der Neuzeit, die größte Schmierenindustrie, die man sich denken kann.«
Wenders und Stallone – sie sind beinahe derselbe Jahrgang –

30 Jahre zu spät. – Marilu Henner ist Kit Conger und Sue Alabama.

träumten denselben Traum. Der eine, Wenders nämlich, träumt ihn nicht mehr. Derzeit bereitet er gerade sein neuestes Projekt vor, mit dem bezeichnenden Titel *Bis ans Ende der Welt.*
Stallone dagegen träumt nicht nur, er exerziert denTraum par excellence. Doch ohne diesen Traum, ohne diese Energie, gäbe es wahrscheinlich weder den einen noch den anderen in der Form, wie sie uns bekannt sind. Wenders durfte von der süßen Versuchung diesesTraumes nur kosten, zurVerführung kam es nicht mehr. Wie ein trotziges Kind, dem man auf die Finger geklopft hat, nimmt er sich vor, von jetzt an Hollywood, seinem Traum, den Rücken zu kehren. Würde er auch dann Hollywood verdammen, wenn es seinen Vorstellungen entsprochen hätte, wenn er einen ähnlichen Coup gelandet hätte wie Polanski mit *Chinatown?*
Stallone landete verflucht viele Coups. Er verkörpert das, wofür John Wayne einst eintrat, als er mit einem Panzer der Armee und in Uniform während des Vietnam-Krieges auf dem Campus einer Universität vor demonstrierenden Studenten aufkreuzte und dort, nicht nur optisch, die Rechtmäßigkeit des US-Engagements in Indochina verteidigte. Stallone, der noch nie, auch nicht in seinen Filmen, eine Uniform getragen hat, bemächtigte sich des gleichen Prinzips wie sein Vorfahr JohnWayne; nämlich »ankommen und draufhauen«. Das machte ihn zum Megastar, dessen Marktwert inzwischen zehnmal höher liegt als der des diesjährigen Oscarpreisträgers Michael Douglas, als der von Jack Nicholson oder Robert De Niro, die rund zwei Millionen Dollar Gage pro Film kassieren.
JohnWayne, der für seinen letzten Film, *The Shootist,* in dem er einen krebskranken Revolverhelden spielte, im Olymp Hollywoods, im Dorothee-Chandler-Pavillon, dem Ort der Oscar-Verleihung, mit *standing ovations* geehrt wurde, war geachtet und respektiert. Stallone begann seine Hollywood-Karriere genau so, wie JohnWayne die seine beendete – *standing ovations* für den neuen Star aus *Rocky I.* Das ist lange her. Heute residiert der neureiche Megastar, von den Berufenen gescholten, total abgeschirmt in einer prachtvollen Hol-

lywood-Villa, isoliert, umgeben von Bodyguards und elektronischen Überwachungssystemen. Wollte er eine Ausstellung besuchen, müßte er das ganze Museum mieten, erzählt er. Überall in den Staaten lauern potentielle Maniacs, die sich im Knast gerne mit dem Prädikat brüsten würden: »I killed Rambo.«
Stallone hat mehr erreicht als alle anderen Leinwandhelden zuvor. Sein kommerzieller Erfolg stellt fast alles bisher Dagewesene in den Schatten. Aber Hollywood meidet ihn mit aristokratischer Konsequenz; mit Emporkömmlingen gibt man sich eben nicht ab. Vielleicht auch, weil er außer Erfolg, der sich für ihn in barer Münze manifestiert, keinen erkennbaren höheren Wert anstrebt? – Und nur mit Geld kann man sich keine Anerkennung erkaufen. Diese einfache Wahrheit mußte er schon in seiner Kindheit schmerzlich erfahren; und bis heute sind es nicht viel mehr geworden, die ihm die Hand reichen wollen.
Für seine vielen Fans ist er ohnehin nicht erreichbar. Fast hat es den Anschein, als sollte sich, wenngleich auf der Ebene satten Wohlstandes, sein Schicksal aus der »Küche des Teufels« fortsetzen ...

»Küche des Teufels« in Afghanistan: Hinter ›Rambo‹ explodiert die Welt.

Gestrandet im Kino – gelandet in Switzerland

Bei sehr vielen bedeutenden Filmschaffenden spielte das Kino in der Kindheit bei der Überwindung von Minderwertigkeitsgefühlen und ähnlichen Problemen eine wichtige Rolle. Bei ebenso vielen war das Kino dann auch der Auslöser für das spätere Schaffen. Der kränkelnde, asthmatische Martin Scorsese *(Taxidriver)* flüchtete vor dem Katholizismus in Little Italy in die Welt des *Zauberers von Oz;* Francis Coppola *(Der Pate)* lernte als an Kinderlähmung leidender Bub, den alle mieden, weil sie sich absurderweise vor einer Ansteckung fürchteten, die laufenden Bilder als besten und zuverlässigsten Freund in der Not schätzen; und Steven Spielbergs *(E.T.)* Eltern bescherten uns mit ihrem radikalen Film- und Fernsehverbot, das sie über den filmverrückten Little Steven verhängten, vielleicht den größten kindlichen Erzähler von Filmstories (der in *Im Reich der Sonne* die Reife eines erwachsenen Kindes beschreibt, das in der *Farbe Lila* seine putzige Kindlichkeit aufgegeben hat). Sylvester Stallone in einem Atemzug zu nennen mit diesen unbestrittenen Größen der Filmwelt, mag so manchem den Magen umdrehen. Sein künstlerischer Beitrag zur Kinematographie findet für die berufenen Geister der weltweiten Kritik nicht statt. Und er selbst könnte es im Sinne Goethes halten, der sagte: »Schlagt ihn tot, den Hund. Er ist ein Rezensent!« – Gewiß eine Haltung, die Rambo nicht fremd sein dürfte. An anderer Stelle etwas mehr davon.

Auch wenn seine Zelluloidprodukte von den professionellen Feuilletonisten in der Luft zerrissen werden, sind sie unabhängig von ihrer künstlerischen Relevanz für das Kinogeschehen mit ihren phänomenalen kommerziellen Erfolgen sehr ernst zu nehmen. Stallones zweifelhafter Ruf als Künstler mit einer primitiven Law-and-Order-Phantasie steigert eher noch seine Bedeutung. Anläßlich seiner nun wirklich nicht sehr geistreichen Stellungnahme zum beängstigenden

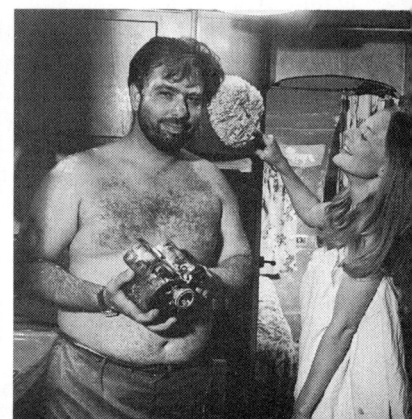

Drei in der Kindheit geborene Regisseure (von links oben nach rechts unten): der gottesflüchtige Scorsese, der bärenstarke Coppola und der Menschenfreund Spielberg (Bildmitte).

Ausmaß des alltäglichen Verbrechens in dem Film *City Cobra* titulierte ihn die amerikanische Zeitschrift *The New Republic* am 30. Juni 1986 als »Reagan's Pornographer«. Stallone gilt in Fachkreisen als kreative Null. Aber nicht, wie er selbst glaubt, weil er äußerlich (»physically«) nicht intelligent wirkt und man ihm das Verfassen von Rambo-Dialogen nicht zutraut, sondern weil er sie verzapft hat. An Stallone brauchen sich nicht mal die Geister zu scheiden. Seine Fans sind solche, die sich an ordinärer Kraftmeierei ergötzen, was nur beweist, daß man mit der Dummheit der Menschen ein schwerreicher Mann werden kann. Für viele ist Kommerz allgemein, und schon gar einer von der plumpen Sorte, kaum der seriösen Betrachtung wert.

Auf die Frage, was Kino für Stallone in seiner Kindheit bedeutet hat und welche Filme ihn damals am meisten beeindruckten, antwortet der teuerste und gleichzeitig der geprügeltste aller Leinwandhelden außerordentlich aufschlußreich: »Das Kino war wie eine Familie für mich. Ich begann erst richtig zu leben, als ich jeden Samstag ins Kino gehen

Steven Spielberg »Im Reich der Sonne« mit der Reife eines erwachsenen Kindes.

Auch Stallone ist mit dem Kino aufgewachsen.

konnte. Und ich blieb dort von früh bis spät ... Ich sah Fantasy-Filme, zum Beispiel *Herkules* und *Sindbad;* ungefähr die Entsprechung zu dem, was Spielberg heute macht. An ernsten Geschichten war ich nicht sonderlich interessiert ... Ich glaube, ich wäre heute im Gefängnis, wenn es kein Kino gäbe. Ich wüßte einfach nicht, was ich mit mir anfangen sollte...Es (das Kino) ist die wundervollste Sache überhaupt. Es ist ein Geschenk, ich betrachte es als ein Geschenk Gottes. Und ich danke ihm dafür jeden Tag – Kino ist einfach das Beste.«

Vergegenwärtigen wir uns, daß Stallone zu Beginn seiner Pubertät kein Junge war, der mit Gleichaltrigen hätte konkurrieren können. Andere hatten ihre erste Freundin, Kumpels, mit denen sie die Zeit verbrachten, gute Noten in der Schule, waren beliebt oder Sportkanonen. Sly war zu schmächtig, um auf den Sportplätzen eine Rolle zu spielen. Wenn er den Mund aufmachte, behinderte ihn ein Sprachfehler erheblich – dafür wurde er oft verspottet. Freundschaften aufzubauen, hatte der Kontaktgestörte große Schwierigkeiten, nicht nur weil er jedes Jahr, wie es die Übereinkunft der geschiedenen Eltern vorsah, von einem zum anderen Elternteil wechseln mußte. Von guten Noten konnte er nur träumen. Und er war alles andere als beliebt – nicht mal für Geld wollten die anderen Kinder etwas mit ihm zu tun haben. Stallone ist buchstäblich das, was man ein gebranntes Kind nennt. Dramatisch überzogen könnte man sich den pubertierenden Sly vielleicht auch als jungen Dorfdeppen in einem deutschen Heimatfilm vorstellen. Zwei Jahrzehnte später, man hätte ihn längst vergessen, zierte sein Konterfei die Titelseiten sämtlicher Gazetten, wo er als Nachfolger von O. W. Fischer gefeiert würde. Was geschähe danach mit seinem Heimatdorf aus dem deutschen Heimatfilm? – *Heidi* brächte den *Jäger aus Kurpfalz* zur Strecke, und der *Förster vom Silberwald* landete mit der Rock'n'Roll-Version von *Blau, blau, blau ist der Enzian* einen Hit in den Charts. Diese – auf den Kopf gestellten – Beispiele verdeutlichen in ihrer Absurdität die atemberaubende Entwicklung Stallones vom mißratenen Außenseiter, den alle – selbst der eigene Vater – für einen ausgemachten Trottel hielten, zum erfolgreichsten Leinwandstar aller Zeiten. Diese Leistung grenzt schon an die übermenschlichen Taten des Herkules – seines Jugendidols, der in *Herkules, der Schrekken der Hunnen* (einem erklärten Lieblingsfilm Stallones zu

Eine Versinnbildlichung von Stallones Kindheit. (Herkules in Ketten.)

jener Zeit) die barbarischen Hunnen genauso in die Flucht schlägt, wie Rambo fast 30 Jahre später eine ganze Einheit der Russen in Afghanistan aufmischt.

Steve Reeves, in Stallones Lieblingsfilmen der stärkste Mann des Universums (mit Spielberg hat das wenig zu tun), wurde zu seinem Urvater. Träume von Unbezwingbarkeit und sagenhafter Tapferkeit materialisierten sich an den Geräten im Fitneß-Studio seiner Mutter in Philadelphia in Bizeps. Fürs erste stärkten der gewachsene Brustumfang und die anschwellenden Muskeln das Selbstwertgefühl. Trotzdem setzte sich seine soziale Misere fort. In Maryland flog er aus der katholischen Schule, weil er dort die Nonnen bis zur Weißglut ärgerte und ein Kruzifix unter seinem Bett versteckt hielt. Drei öffentliche Schulen wurden seiner nicht mehr Herr. Er zün-

Erinnerungsbilder aus der Kindheit.

delte, steckte dabei die Mülltonnen in Brand und verprügelte Mitschüler, die ihn beleidigten. Inzwischen waren die Schulen rar, die den nun einschlägig bekannten Rabauken unterrichten wollten. Sylvester Stallones letzte Chance für eine sinnvolle Bildung war die Devereux Manor Hall High School in Berwyn, in der Nähe von Philadelphia, wo er sich mit 16 Jahren nicht als Sly oder Sylvester, sondern als Mike Stallone einschrieb.

»Ich war in 12 oder 13 verschiedenen Schulen, diesmal wollte ich ganz neutral klingen. (Denn) immer wenn ich als Sylvester ankam, hat das sofort gegen mich gesprochen.«

Erst elf Jahre später gab Stallone sein »Pseudonym« auf. Der quirlige Adrenalin-Bomber Sly (and the Family Stone), dessen Soulklassiker »I wanna take you higher« beim legendären Woodstock-Festival den schlammigen Erdboden zu Wolken machte, erinnerte ihn wieder an seinen richtigen Namen: »Er brach das Eis und ermutigte mich, zu meinem Namen zu stehen.«

Die Manor Hall High School gehörte der Devereux Foundation, einer Stiftung, die, 1951 ins Leben gerufen, erfolgreich ein progressives Unterrichtssystem einrichtete. Dort trafen schwierige Schüler mit sozialen Schädigungen – Schwererziehbare – auf Lehrer, die therapeutisch arbeiteten. Jeder Schüler wurde individuell betreut, seine Probleme wurden auf der Basis von gegenseitigem Verstehen und maximaler Offenheit reflektiert. Mike erhielt darüber hinaus ein intensives Sprachtraining. Seine aktive Teilnahme am Unterricht wurde forciert. Keiner lachte über »Low-Lip-Mike«, der manche Vokale einfach nicht artikulieren konnte.

In Manor war er kein Außenseiter mehr. Dort war er einer unter Gleichgesinnten, die alle mehr oder weniger das hatten, was der Volksmund eine kleine »Macke« nennt. Besonders viel einbilden konnte sich Mike auf seine sportlichen Leistungen. In Amerika gilt der erfolgreiche Sportler fast genauso viel wie das Mathematikgenie. Als Mike reifte Stallone binnen zweier Jahre zum ausgezeichneten Boxer, und im Football-Team von Manor erkämpfte er sich einen Stammplatz als Verteidiger.

Kindheitsträume: Einmal so stark sein wie ›Herkules‹. Und einmal so schön wie ›Sindbad‹.

Herkules, Bodybuilding, ein Pseudonym und ein therapeutisches Konzept waren die wichtigsten Stationen auf dem Weg zu einer Identität, die von mehr Selbstachtung getragen war. Alles, was noch fehlte, war ein Girl, das ihn in die Freuden der körperlichen Liebe einführte. Mike wäre heute nicht Stallone, wenn es ihm nicht gelungen wäre, ausgerechnet die Freundin des Internatsrowdys »klarzumachen« – so erzählt er die Anekdote. Und natürlich beobachtete dieser Schläger das erste Schäferstündchen seiner Freundin mit Mike. Es kam zu einer Prügelei. Die Polizei wurde gerufen und nahm Mike fest, der bei seiner Festnahme splitternackt war. Die Behörden meldeten diesen Vorfall nicht, sondern gaben dem soeben Entjungferten etwas zum Anziehen.
Natürlich hat Stallone noch viel mehr Stories dieser Art auf Lager. An der letzten durfte die ganze Welt teilhaben. Darüber redet er inzwischen nicht mehr so gerne. Brigitte Nielsen hat diese Story zur Millionärin gemacht, sie zeigte allen, wie sich der Kopf-Bauch-Konflikt effektiv in bare Münze umsetzen läßt.
Stallone bestand das Examen an der Manor Hall High School, doch seine asoziale Vergangenheit hielt die Colleges davon ab, ihn als ordentlichen Studenten aufzunehmen. Es sei dem Leser noch mitgeteilt, daß natürlich ein so progressives Konzept wie in Manor nicht für alle ist. In den USA sind die besseren Ausbildungswege mit erheblichen Kosten verbunden. Zwei Jahre Privatschule, die sich für Stallone zweifelsfrei äußerst positiv auswirkten, kosteten seine Mutter, die Pizzafabrikantengattin und Schönheitsunternehmerin Jacqueline Filita, eine schöne Stange Geld: 11 000 Dollar. Anfang der sechziger Jahre immerhin 44 000 Mark. Zu jener Zeit konnte man für diese Summe noch ein kleines Einfamilienhäuschen im Grünen kaufen. Dafür, daß einer, der unter Umständen zum Kriminellen geworden wäre, aufgrund einer einfühlsamen Erziehung seinen Eigenwert erkannte (nichts anderes ist das Ziel therapeutischen Unterrichts), war der Preis nicht zu hoch. Leider können die, die es nötig haben, die Menschen in Harlem, in der South Bronx oder »Hell's Kitchen«, es sich nicht leisten, ihre Kinder nach Manor zu schik-

Brigitte Nielsen. Eine Frau, die der Himmel geschickt hat. (»Kosmisch und jenseits dessen, was beschreibbar wäre«, so schildert Stallone die erste Begegnung mit seiner Traumfrau.)

ken. Damit bleibt die wichtigste Voraussetzung für die Erlangung von Chancengleichheit die gerechte Verteilung von Bildung. Bildung ist in den USA immer noch ein Privileg, das

sich – von wenigen Ausnahmen abgesehen – nur Wohlhabende leisten können. Dort mehr als irgendwo sonst in der westlichen Welt. Was wäre aus Stallone geworden, wenn seine Eltern nicht das Slum in der »Hell's Kitchen« verlassen hätten? – Vielleicht ein orientierungsloser US-Bürger, für den in Vietnam die Armee zur Mutter geworden wäre, und nach dem Krieg in seinem Vaterland einer von denen, die von ihren Landsleuten angespuckt wurden, eben weil sie in Vietnam gekämpft hatten. Natürlich hätte er die Welt nicht mehr verstanden, wollte er doch nur ein guter Amerikaner werden – einer wie Rambo.
Zweifelsohne ist Stallone Rambo auf der Leinwand. Hielte man sich an die Leinwand, hat er das Slum in »Hell's Kitchen« nicht verlassen. Betrachtet man jedoch seine tatsächliche Biographie, dann muß man ihm in die Schweiz folgen, in das noble Internat von Leysin, da ihn alle in Frage kommenden Colleges in den USA abgelehnt hatten. Wie so oft, vorausgesetzt die nötige Barschaft ist vorhanden, war die Schweiz der Retter in der Not. Familie Stallone bezahlte die Ausbildungskosten ein Jahr im voraus. Sollte Mike schon im ersten Jahr den Anforderungen nicht gewachsen sein, dürften die Schweizer, gewissermaßen als Risikoausgleich, den Rest der Summe behalten. Die Aufenthaltskosten verdiente sich Mike als Boxtrainer auf dem Campus. Sein Kommilitone Paul aus Äthiopien war einer seiner Schüler. – Sylvester Stallone alias Mike, aus der Gosse von »Hell's Kitchen«, war dank der Kohle von Papa und Mama in einer Schweizer Eliteschule gelandet ...

Der Lord von Flatbush

Die Fiktion, die dem Hirn des Autors entstammende Phantasiewelt, wird von der Wirklichkeit manchmal eingeholt. Dabei ist die Realität, wenn schon nicht Vorbild, so doch Maßstab und Bedingung für die Fiktion. In den fertigen Geschichten spiegelt sich dann das Weltbild des Autors wider, seine Einschätzung der Realität. – Sam Peckinpahs Schüler Walter Hill drehte zu Beginn der achtziger Jahre einen aufsehenerregenden Film: *Warriors*.

Die Warriors sind Krieger der Straße, eine Asphaltgang. Sie verlassen ihr Revier, weil sie an dem großen Zusammenschluß aller Asphaltkrieger teilnehmen wollen – irgendwo draußen, weit weg, im Dschungel der Stadt. Sie wollen gemeinsam die Stadt erobern. Doch dazu kommt es nicht. Auf den Leader wird ein Attentat verübt. Die Warriors werden unschuldig verdächtigt. Eine Jagd auf Leben und Tod erwartet sie – durch feindliches, streng bewachtes Territorium.

In den brutalen Kampfszenen, in denen andere Gangs wie Rudel blutrünstiger Wölfe über die Warriors herfallen – wobei die Art des Überfalls je nach Territorium verschieden ist –, setzt Walter Hill Maßstäbe für den Action-Schnitt. Seine Montage choreographiert alle möglichen und unmöglichen Kampfstile des Straßenkrieges auf grellen, aber lichtscheuen Schauplätzen wie ein Ballett des Todes, in dem jeder Solist und Gruppentänzer gleichzeitig ist. Walter Hills böse Vorhersehung einer Zeit, in der die Straßengangs zu einer echten Macht herangereift sind, die die Gesellschaft bedroht, haben sich bezahlt gemacht. Der Film war ein Hit.

Etwa zur selben Zeit entstand der vielleicht beste Gangfilm überhaupt: *The Wanderers* von Phillip Kaufmann, der gerade in seinem neuesten Film – der Kundera-Adaption *Die unerträgliche Leichtigkeit des Seins* – eine hoch zu schätzende Sensibilität zu Markte trägt. *The Wanderers* geht zurück in die Anfänge der Sixties: Kennedy, kurz vor seiner Ermordung 1963, im Hoch; Bob Dylan feiert noch kleine Erfolge in Clubs, die

Armee braucht Rekruten und die Wanderers, eine Vorstadtgang, erleben das Ende der Jugend – der Film spielt zu jener Zeit, als Stallone in die Schweiz abreiste.

Subtil untersucht Kaufmann, freilich mit dem Gespür für das große amerikanische Unterhaltungskino, das italo-amerikanische Milieu, seine Zusammenhänge und Hierarchien. Die Macht der Alten und was es heißt, ein Mann zu werden. – Freundschaft, Zuneigung, Liebe, der erste Sex und auch das Verlorensein, die Verzweiflung und letztlich die Perspektivelosigkeit einiger Jugendlicher prägen die Erzählhaltung des Drehbuchs, das ebenfalls von Kaufmann verfaßt wurde. Anders als bei *Warriors,* wo die Figuren ausschließlich auf stilisierte Action-Helden festgelegt sind, rücken die Wanderers in Reichweite von Anteilnahme und Verständnis. Kaufmann läßt es aber nicht an aufregender Action und bizarren *locations* fehlen. Sein großes erzählerisches Können, das er bei der Verfilmung von Tom Wolfes *The Right Stuff, Die Helden der Nation* abermals unter Beweis stellte, steht seiner handwerklichen Perfektion in nichts nach. Beklemmend wie der Alptraum einer Rock'n'Roll-Welt, die Sequenzen im Revier der Dunky-Boys – lauter kleine Mackie Messers, tief religiös, hinterfotzig, mit unbarmherzigem Killerinstinkt. Vorzüglich das furiose Gang-Show-Down auf dem Football-Feld zwischen Wanderers, Dunky-Boys, den Karate-Chinesen und einer Negergang – deswegen, weil im Wechsel von zwei Musikthemen, die die Massenschlägerei untermalen, beschönigend und betrauernd, das ganze Dilemma der Wanderers und ihresgleichen erfaßt wird. Die Fragwürdigkeit und die Notwendigkeit von Gangs und ihren Gewaltriten als Exerzierfeld der Selbstbehauptung wird am Ende der Football-Feld-Sequenz filmisch großartig ins Bild gerückt: Nachdem die Dunky-Boys in die Flucht geschlagen sind, drischt ein muskelbepackter, auf seiten der Wanderers mitmischender Vater, noch voll in Kampfesrage, seinem herannahenden Sohn mit all seiner Körperkraft in den Unterleib. Der Junge bleibt bewußtlos liegen. Sein Vater hat nicht bemerkt, daß er seinen eigenen Sohn niedergeschlagen hat – mit hochgestreckter Faust feiert er den Knockout.

Das mit der ersten Generation der Jugendkultur aufkommende Gangwesen, zunächst nur als lose Zusammenrottung einiger Rock'n'Roller, die ihre eigenen Plätze außerhalb der Gesellschaft suchen mußten, wo sie Presley, Brando und Dean sein konnten, hat längst die böse Fiktion von *Warriors* übertroffen und die ungebremsten Gewalttätigkeiten in *The Wanderers* zu Niedlichkeiten degradiert. – 600 Jugendgangs in Los Angeles, mit einer Gesamtstärke von 70 000 Mitgliedern, kontrollieren die Subwelt der Drogenkultur. Untereinander führen sie erbitterten Krieg. Täglich gibt es im Schnitt einen Toten. Der Staat und seine Polizei sind machtlos. Die kriminellen Untergrundarmeen sind straff organisiert. In ihren Machtbezirken operieren sie schwerbewaffnet wie Asphalt-Guerillas und können jederzeit untertauchen. Außerdem sind sie besser ausgerüstet als die Staatsmacht. Sie fahren die schnelleren Autos und besitzen die besseren Waffen.
Der amerikanische Schauspieler und Regisseur Dennis Hopper, Macher des Kultfilms *Easy Rider,* buchte das tägliche Metzeln in den Latino- und Schwarzenvierteln von South-Central und East L. A. für eine realistische Fiktion in seinem eben in den USA angelaufenen Film *Colors*. Die Angst vor einer möglichen Verherrlichung der Gewalt, die zur Nachahmung aufruft, ließ offizielle Stellen über ein Verbot dieses Films nachdenken. Tumulte rivalisierender Gruppen während der Kino-Vorstellungen sind nichts Besonderes. Aber vielleicht ist die Fiktion in *Colors* in naher Zukunft auch schon von der Wirklichkeit überholt. Dann nämlich, wenn die USA auf dem Weg in die Zweidrittel-Gesellschaft weiterhin so gute Fortschritte machen und die Menschen in den Ghettos sich als politische Vorhut der Dritten Welt begreifen und ihre paramilitärischen Gangs, zur revolutionären Armee umgeformt, gegen die wohlhabende Zweidrittel-Gesellschaft in den Krieg schickt. Wäre das nicht ein spektakuläres Szenarium: der so lang gährende Nord-Süd-Konflikt erschüttert das Innere der USA. Bewaffnete Ghettoarmeen terrorisieren den Lebensraum der übrigen Gesellschaft. Die Metropolen der Vereinigten Staaten werden zu modernen Schlachtfel-

dern, die zum Teil an das verwüstete Beirut erinnern. Ein endloser Bürgerkrieg droht das mächtigste Reich der Erde zu vernichten. Da Stallone als Rambo in Afghanistan hinreichend bewiesen hatte, wie man selbst mit den Russen kurzen Prozeß macht, würde ein neues, ein modernes Feindbild, das dem amerikanischen Selbstwertgefühl an die Nieren geht, sicher seine Anhänger finden. Stoff für *Rambo IV:* nicht der äußere Feind bedroht die USA, sondern der innere.

Der erste Film, in dem Stallone als Schauspieler und Ko-Autor von sich reden machte, war *The Lords of Flatbush,* ebenfalls ein Gangfilm. Weil das so ist, ließ sich der deutsche Verleiher einen gar verwegenen Titel dazu einfallen: *Brooklyn Blues – Das Gesetz der Gosse.* Auf den ersten Blick, das Plakat zeigt einen breitschultrigen Rocker von hinten in Ledermontur mit dem Graffito »Lords«, verspricht der Film einen heißen Tanz auf Zelluloid. Aber schon vor Ende des ersten Aktes wird einem klar, daß die vier Lords für *American Graffiti* zu humorlos und für *The Wanderers* zu harmlos sind. Ihre größte Tat steht am Anfang des Films, wenn sie eine völlig bekloppte Lehrerin äußerst niveaulos aus der Fassung bringen. Dann noch eine Fast-Keilerei mit einem Vorstadt-Strizi beim Billard. Einmal gelingt es ihnen tatsächlich, ein Auto zu klauen – was man ihnen nun wirklich nicht zutraut. Schon gar nicht die Polizei. Und so kutschieren sie in der Gegend herum, bis ihnen aufgeht, daß es ein Auto auch nicht unbedingt bringt, wenn man die Girls aufreißen will. Im Grunde sind die Lords of Flatbush so, wie sie heißen: die Fürsten der Schwachbrust, wenn man flat mit flach/schwach übersetzen darf und bush, eigentlich Strauch/Busch (Flachbusch), als Brust eindeutscht. Schwachbrüstig ist auch ihr Gruppenkodex, als wären den Drehbuchautoren keine langweiligeren Protagonisten eingefallen. Lediglich zwei Szenen ragen aus dem Film heraus, die den Einblick in das einfache Gemüt des Volkes leicht machen. Stanley (Stallone) schwängert Frannie (Maria Smith). Die schlägt heiraten als Lösung des Problems vor: »Heiraten ist wunderschön. Wir kaufen einen *eigenen* Fernseher und können anschauen, was *wir* wollen.« – Das überzeugt Stanley. Das Ergebnis: Er zieht sich von den Lords zurück, verbringt viel Zeit in einem Taubenschlag mit Nachdenken und Lesen. Sein Kumpel Butchey (Henry Winkler) besucht ihn dort. Es ist der Moment, in dem den Ober-Lords bewußt wird, daß man erwachsen werden muß. Und wir erfahren, was Stanley liest: »Ja, ich lese ziemlich viel hier oben – vor allem Landkarten.« Dagegen ist die beste Männerfreundschaft nicht gefeit. Und der Film endet mit der Hochzeit zwischen Stanley und Frannie. Nach dem Film hat man das Gefühl, daß einer noch so dumpf sein kann, er wird es immer schaffen, ein guter Amerikaner zu werden. Mit Sicherheit ein Gefühl, das die Regisseure Verona und Davidson nicht ansprechen wollten, als sie mit dem desperaten Mut unabhängiger Filmemacher 400 000 Dollar auftrieben und über den Zeitraum von zwei Jahren ihren Debütfilm auf 16 mm fertigdrehten. Sie wollten ihrer eigenen Jugend huldigen. Mit diesem Anspruch gewannen sie ein junges, engagiertes Schauspieler-Ensemble, das für einen Apfel und ein Ei – unter dem Selbstkostenpreis – mitwirkte. Stallones Gage betrug für die zweijährige Arbeit ganze 16 000 Dollar. Ed Lachmann, später Kameramann von Wenders, Herzog, Schlöndorff und Susan Seidelmanns *Susan, verzweifelt gesucht* (mit Madonna), mußte sich ebenfalls mit derlei Produktionen über Wasser halten. Er fotografierte die Hälfte von *Lords of Flatbush*.

Nach enormen Widerständen von der Gewerkschaft, die dem Film das Leben schwermachte, weil er ein unabhängiges, nicht mit den Technikern der Gewerkschaft produziertes Projekt war, brachte die Columbia 1974 eine auf 35 mm aufgeblasene Kopie ins Kino. Bemerkenswert: *The Lords of Flatbush* spielten innerhalb von nur zwei Wochen allein in New York 92 000 Dollar ein, was ungefähr 15 000 Besuchern entspricht. Beachtlich waren auch die Kritiken für Stallone, die sein Spiel eine »ausgezeichnete Charakterstudie« nannten und in der Darstellung des Stanley »eine unbeschreiblich köstliche Figur« sahen. Und tatsächlich sind jene Szenen, die Stallone selbst geschrieben hat, die eigentlichen Highlights des Films. Sie arbeiten die Tumbheit und die Einfältigkeit des Stanley liebevoll heraus. Diese starken Momente könnten getrost als

»Eine unbeschreiblich köstliche Figur«: Stallone als jugendlicher ›Rocky‹ – abgeturned von der Erotik der Lockenwickler.

Rückblenden in einem Rocky-Film verwendet werden und würden glaubwürdig den jungen, heranwachsenden Balboa zu erkennen geben.

Noch beachtlicher als seine kreativen Avancen in *The Lords of Flatbush* ist die Leistung, es überhaupt zum Protagonisten in einem Kinofilm gebracht zu haben. – Erinnern wir uns: Stallone wurde zu fast unverschämten Bedingungen an dem Schweizer College Leysin aufgenommen. Dort haftete ihm alsbald das Image des Exoten aus dem Slum an. In seiner Eigenschaft als Boxtrainer, Schnellimbißbesitzer, Mädchenaufpasser und Reiseführer bewies Stallone seinen Kommilitonen eine Geschäftstüchtigkeit, die ihm Respekt eintrug. Im Jahrbuch des College von 1967 steht zu lesen, daß Stallone damals den Ehrgeiz hatte, Klimaanlagen nach Alaska zu verkaufen. Unter seinem Foto findet sich folgendes Zitat: »Es gibt keine perfekten Leute, nur perfekte Gelegenheiten.« Natürlich mußte das Studium unter seinem Geschäftssinn leiden, dennoch hat Europa Stallone die Kunst nahegebracht. Als 13jähriger versuchte er sich mit Farben, hier in Europa konnte er die Meister sehen. In Barcelona das Picasso-Museum. In Figueras Dalis Werke. In Paris den Louvre. Heute ist Stallone ein leidenschaftlicher Kunstsammler. Er kauft mit Vorliebe Neo-Surrealisten wie Mentor, Schuyff, Hambleton, Drake, und er besitzt einige Statuen von Rodin und Baryes. In Europa lernte Stallone auch das Theater schätzen und lieben. Am Ende des zweiten Studienjahres bewarb er sich bei einer College-Inszenierung für die Rolle des Biff, einen Sohn Willy Lomanns in Arthur Millers *Tod eines Handlungsreisenden*. Die Aufführung war ein toller Erfolg. Stallone, trotz Sprachfehler, brillierte als Biff und verliebte sich in den Applaus. – Jetzt wuchs in ihm der Wunsch, ein Schauspieler zu werden.

Der Freund der Sterne reist nach Cannes. Aber nicht, um beim Filmfestival 1968 durch eine Resolution so namhafter Regisseure wie Truffaut, Lelouch, Saura u. a., die sich mit dem Kampf der Studenten in den Straßen von Paris solidarisierten, den letztendlichen Abbruch zu erleben, sondern um sich von einer Wahrsagerin die Karten legen zu lassen: Sie prophezeite ihm das Ende seiner Unschuld, eine neue Phase seines Lebens. Er soll sich auf die Zukunft besinnen und eine Entscheidung treffen, also Abschied von der Jugend nehmen. In der Mitte des Lebens wird er seine jugendliche Unschuld wieder zurückgewinnen. – Ist es nicht so? – Unter diesem Aspekt betrachtet, muß man Stallone mildernde Umstände zubilligen. Erkennt man doch in *Rambo II* die Blauäugigkeit jugendlicher Unschuld. Nur ein Naivling, dem man kein politisches Verständnis zutrauen darf, ist in der Lage, eine solche Vietnam-Phantasie hervorzubringen wie Stallone in *Rambo II*. Seine Beteuerungen, er hege keine politischen Absichten in seinen Filmen, dazu sei er nicht qualifiziert, klingen glaubwürdig. Wie recht er nur hat, mag man bekümmernd feststellen: Da macht einer Filme im größten Stil und überträgt politische Wirklichkeiten, die ein Höchstmaß an Sensibilität erfordern, auf das System billiger Herkules-Abenteuer. Darüber, daß einer so etwas fabriziert, darf schon gelästert werden. Wirklich schlimm wird es aber, wenn das primitive Schema von Gut und Böse, das dumme Prinzip der Feindbilder, wenn Abermillionen die politische Realität mit einem Landser-Roman Made in USA verwechseln, der zur geistigen Nachahmung jeden befähigt, der das Denken lieber anderen überläßt. – Anscheinend ist das Jahr '68, der Prager Frühling, der Mai in Paris, der Sommer in Woodstock, die bewußtseinserweiternde Erfahrung der Jugend der Welt, spurlos an Stallone vorübergegangen. Für ihn war diese Zeit »ein einziges großes biologisches Experiment« – was immer das heißen mag. Während die Studenten in der BRD nach der Aufforderung Rudi Dutschkes den Marsch durch die Institutionen antraten, verbrachte Stallone das Weihnachtsfest 1968 in deprimierender Einsamkeit. Die europäische Erfahrung hat ihm keine Freude beschert – auch nicht an Weihnachten.

Mit der nächsten Maschine flog er zurück in die Staaten und schrieb sich an der Universität von Miami als Student der Theaterwissenschaften ein. Seine Immatrikulation löste in der Abteilung Drama um so größeres Befremden aus, als sein Sprachfehler ein unübersehbares Handicap für die Erlernung des Schauspielerberufes war. Die dürftigen Chancen eines Schauspielers mit stark eingeschränkten Artikulationsfertigkeiten, die ihm seine Dozenten in Aussicht stellten – der Stummfilm war schon lange ausgestorben – motivierten den zu allem entschlossenen Stallone noch mehr, das schier Unmögliche möglich zu machen: Schauspieler um jeden Preis.

Wieder einmal, es war 1969, zog es ihn zu den Sternen hin: Die Karten wußten zunächst nichts Positives zu berichten – sieben Jahre Erfolglosigkeit, voller Armut und Entbehrungen sagten sie voraus. Doch danach schienen sie ein As aus dem Ärmel ziehen zu wollen. Nach sieben Dürrejahren stünde fette Beute ins Haus. Stallone wird grenzenlosen Erfolg haben – nicht als Schauspieler, sondern als Autor. So sprach der Himmel – und so geschah es: Sieben Jahre später war Stallone über Nacht als Rocky zum Superstar geworden.

Schon als Student in Miami schrieb er sich eigene Texte, gegen den Widerstand seiner Lehrer, die auf Klassikern oder berühmten Dramatikern bestanden. Auch wenn er bei Theatern wegen eines Engagements vorsprach, rezitierte Stallone eigensinnig die von ihm verfaßten Monologe. Hierin konnte er sich besser ausdrücken. Bis heute hat sich das nicht geändert. Beispielsweise sind die nicht von ihm erfundenen Protagonisten in *Nachtfalken* (1980), *Flucht oder Sieg* (1981) und *Der Senkrechtstarter* (1983) keine erwähnenswerten schauspielerischen Leistungen.

Einige Wochen vor Ende des Studiums brach er seine Zelte in Miami ab und ging nach New York. Dort wurde das Sutton Hotel sein Zuhause. Er hauste in einem schäbigen Raum, so winzig, »daß man vom Bett aus nur die Hand auszustrecken brauchte, um die Tür aufzumachen, das Fenster zu schließen und den Wasserhahn aufzudrehen«, erzählt Stallone. In *Staying Alive,* der Fortsetzung von *Saturday Night Fever,* taucht die genaue Rekonstruktion dieser Unterkunft auf, als Bleibe des stellungslosen Tänzers Tony Manero (John Travolta).

Stallones Protagonist schlägt sich in diesem Film genauso durch, wie Stallone das im richtigen Leben tat. Insofern ist

Tony Manero erlebt in ›Staying Alive‹ Stallones Zeit als Hungerkünstler.

Staying Alive ein authentisches Abbild von Stallones Zeit als Hungerkünstler in New York City. Beim Kampf um das tägliche Brot kam ihm, wie sollte es auch anders sein, das Kino zu Hilfe. Er bekam einen Job als Platzanweiser im Baronet, einem der großen Erstaufführungstheater in der Stadt. Die kinoverrückten New Yorker sind ganz wild auf Kinopremieren und stehen sich stundenlang, egal bei welchem Wetter, die Füße in den Bauch. Für ein Trinkgeld von fünf Dollar besorgte ihnen Stallone einen erstklassigen Platz. Auf diese Weise verdiente er sich ein Zubrot von 300 bis 600 Dollar pro Woche. Im Baronet verdingte sich ein schnuckeliges Girl, das – ebenfalls auf der Suche nach *fame* – in New York gestrandet war. Sie war eine ambitionierte Künstlerin. Für Stallone war es Liebe auf den ersten Blick. Wie die Troggs in ihrem Hit *Wild Thing* sprach er Sasha Czach aus Chester, Pennsylvania an: »Honey, I think, I love you.« – Sasha wurde seine erste Frau. Nicht sofort, aber schon sehr bald. Zunächst verlor Stallone den lukrativen Erwerb als »Super-Platzanweiser«, denn er wollte ausgerechnet den Besitzer des Baronet, Walter Reade, für fünf Dollar Aufpreis bevorzugt behandeln. Dieser feuerte seinen dubiosen Bediensteten auf der Stelle. Die Zeiten des gediegenen Auskommens waren vorbei. 30 Dollar die Woche verdiente Stallone jetzt als Pizzaverkäufer. Im Zoo durfte er die Löwenkäfige saubermachen, was ihm nicht nur ein paar Dollar zusätzlich einbrachte, sondern ihn auch mit einer häßlichen Angewohnheit der königlichen Tiere konfrontierte: Beim Urinieren drehten sie sich mit Vorliebe in Richtung des Wärters. So muß sich Stallone wohl gefühlt haben, als er die ständigen Absagen der Theater- und Filmproduktionen einholte. Nach 18 Monaten Totalfrust in New York knüpfte er Kontakt zur Kompanie *Extension,* die in den Hinterhöfen der Off-Broadway-Kultur auf eigene Faust und mit selbstausbeuterischem Idealismus ein eigenes Stück auf die Kellerbühne brachte – in der Hoffnung, irgendein Talentscout schaut sich die Vorstellung an und macht eine Entdeckung. Man bedenke: es dauerte 18 Monate bis Stallone es schaffte, umsonst (mit-)spielen zu dürfen. Eine deutliche Steigerung zu seiner Kindheit, als ihm dasselbe nicht mit Geld gelang. Die Arbeit für *Extension* erforderte seine ganze Kraft und brachte ihn an den Rand des existentiellen Abgrundes. Seine Rettung war ein amateurhaft produzierter Soft-Porno-Streifen mit dem Titel *Kitty & Studs* (1970). Es geht das Gerücht um, daß Stallone ein waschechter Pornoprinz gewesen sei, bevor er Rocky wurde. Genährt wird diese Falschmeldung durch Stallones freizügige Mitwirkung in *Score,* einem Off-Theater-Stück über Partnertausch. Damals, 1970, war nackte Haut auf der Bühne in ambitionierten Theatern eine extravagante Seltenheit. Heute gehört sie zum guten Ton des modernen Theaters – Neuenfels, Zadek und Tabori zeigen das in Berlin, Hamburg und Wien.

Score wurde von der Kritik in Grund und Boden gestampft. Die NEW YORK TIMES meinte, daß sich »unter der pseudo-kultivierten Oberfläche das Stück nicht wesentlich von einem pornographischen Taschenbuch unterscheidet«. Für die NEW YORK POST war das Stück »der reine Mist«. Aber VARIETY lobte Stallone: »Der beste Schauspieler dieses Stücks ist Sylvester Stallone in der Rolle des Mannes von der Störstelle – ein Vertreter der unteren Mittelklasse, überzeugend in seiner komischen Lüsternheit.«

Mit solcherlei Prädikaten wurde Stallone natürlich nicht für *Kitty & Studs* ausgezeichnet. Der Film selbst genügte den erbärmlichen Anforderungen billiger Pornoware nicht. Er fand keinen Verleih und wäre wahrscheinlich in den Regalen seiner Macher verstaubt, wenn nicht ein siebengescheiter Produzent, die Rocky-Euphorie ausnutzend, *Kitty & Studs* nachträglich ins Kino gebracht hätte. Die Verlockung, Rockys Schnippedulrich, so wie Gott ihn schuf, in Action zu erleben, war durchaus Anreiz für die weiblichen Fans, sogar in einen Porno zu gehen. Allerdings ist der Sex in *Kitty & Studs* so scharf wie ein Gebißreiniger und wird nur die zweihundertprozentigen Fans in Stimmung bringen. – Und auch nur zu Hause auf Video.

Nach den vernichtenden Kritiken wurde *Score* nach nur 23 offiziellen Vorstellungen abgesetzt. Stallone war wieder arbeitslos. Außer einigen Miniauftritten in Woody Allens *Bananas* und der Jack-Lemmon-Komödie *Das Nervenbündel* lief nicht viel. Als Ko-Star trat er überzeugend in einer Folge von *Einsatz in Manhattan* an der Seite von Kojak auf – er spielte einen Polizisten, der im Dienst einen Unschuldigen erschießt.

Er mag sich an die Verkündigung der Sterne erinnert haben, die ihm Erfolg als Autor weissagte, denn nun stand das Studium der Literatur im Mittelpunkt seines Lebens. Andere arbeitslose Schauspieler hingen an den In-Places im Village oder sonstwo herum; Stallone verbarrikadierte sich, stellte das Telefon ab, verdunkelte mit schwarzem Lackspray seine Fenster und wurde zu einem gefräßigen Literaturfreak, der alles verschlang, was nach geschriebenem Wort aussah. Kein Geringerer als der große Edgar Allan Poe, der Begründer der amerikanischen Literatur, der Ahnherr des Symbolismus in Europa – ein zerrissenes, leidvolles Genie –, wurde sein literarischer Urvater. In Poes Gedichten, die mit großer Sprachkunst und musikalischem Empfinden geschaffen sind, und seinen Kurzgeschichten, die zumeist um das Problem des Todes kreisen, stieß er auf einen ihm seelenverwandten Charakter. Das Studium des Poeschen Werkes inspirierte Stallone zu einem sagenhaften kreativen Output. In seiner Zügellosigkeit schrieb er täglich bis zu sechs Drehbücher für 30minütige Serials. Nur eines davon, *Touch of Evil,* wurde von einer TV-Station mit Anthony Quayle in der Hauptrolle produziert. Ungeachtet seiner kommerziellen Erfolglosigkeit schrieb er wie besessen ein Theaterstück nach dem anderen: *Cry Full and Whisper Empty; In the Same Breath and Sad Blues; Till Young Men Exit* – deprimierende Dramen über den Verlierer und seine Chancenlosigkeit. Ganz im Sinne Poes endeten sie mit dem Tod des Protagonisten. Vielleicht ereilt Stallones Theaterwerk das gleiche Schicksal wie das seines Meisters, das erst nach dessen qualvollem Tod den Weg aus der Anonymität fand und heute der literarische Stolz der größten Weltmacht ist.

Ein interessantes Angebot beendete vorerst Stallones dichterische Sturm-und-Drang-Zeit. Er bekam die Titelrolle in dem unabhängig produzierten No-Budget-Film *No Place to Hide (Der letzte Ausweg,* 1973). So weit zu recherchieren war, existiert von diesem Streifen keine intakte Kopie mehr. Nach

Ein leidvolles Genie wurde zu seinem literarischen Ziehvater und sein Lieblingsprojekt. Stallone über einen seelenverwandten Charakter: »Poe war wie Rocky, aber er hat nie eine wirkliche Chance bekommen. Er war der verkannteste aller amerikanischen Künstler. Er kannte die Spielregeln nicht. Und er war in bezug aufs Schreiben und in seinen Gedanken seiner Zeit so weit voraus, daß man ihn als Verrückten ablehnte, anstatt ihn als Visionär zu preisen. Ich weiß, daß ich noch nicht so weit gegangen bin, wie ich kann. Dort erst wird es interessant. Poe ist bis an die äußersten Grenzen gegangen.«

Fertigstellung des Films konnten die Macher zunächst keinen Verleih mobilisieren. Erst zwei Jahre später erlebte *No Place to Hide* seine Uraufführung. Der Polit-Thriller, im Milieu der

Stadtguerilla angesiedelt (eine New Yorker Firma, scheinbar mit sauberer Weste, produziert Folterwerkzeuge für Südamerika, und soll in die Luft gejagt werden), interessierte die Amerikaner überhaupt nicht. Stallones erste Hauptrolle war ein totaler Flop. Mittlerweile war gut die Hälfte der sieben Dürrejahre vorüber. Stallone und Sasha lebten inzwischen zusammen. Sie jobbte als Kellnerin und sorgte für den allernötigsten Lebensunterhalt – zum Leben zuwenig, zum Sterben zuviel. Unterdessen wurde Stallone erneut zum Protagonisten in einem Kinofilm. Doch wie wir bereits wissen, war seine Verkörperung von *Lord of Flatbush* nur ein zarter, atmosphärischer Vorläufer von Rocky, den noch keiner bemerkte.

Rocky – der »amerikanische Traum« erfüllt sich oder:
Die Welt der Champions

»From rags to riches« – »from a whisper to a screen« – »vom Tellerwäscher zum Millionär« – das sind die volkstümlichen Kürzel, mit welchen die Kometen unter den Menschen, die scheinbar aus dem Nichts kommen und nichts waren, in die Ecke des Gemeinplatzes gestellt werden, wenn der bequeme Journalist eine Überschrift für eine sagenhafte amerikanische Karriere sucht. »Champions werden geboren«, sagt der »heilige« Vater der Queen of Tennis – Peter Graf. Deswegen brauchte die blitzschnelle, knallharte und noch geliebte Herrscherin des weißen Sports auch nicht mit derlei Allerwelts-Attributen zurechtzukommen. Ihre majestätische Pracht konnte sich als geborenes Wunder Platz schaffen, als Martina Navratilova, die alte Königin, 1987 bei den French Open ihren Grand-Slam-Titel an die neue Nummer eins, das deutsche Vorhandwunder, verlor. Die zwei nächsten Bastionen des Welttennis, Wimbledon und Flushing Meadows, konnte die alte Königin noch relativ sicher gegen Steffi Graf verteidigen. Danach war sie in die Rolle der gehetzten Herausforderin geraten, die jüngst in Wimbledon gegen die Überlegenheit der neuen Königin nichts als machtlos war. Nach dieser ebenso großen wie schmerzlichen Niederlage verhielt sich Martina »wie ein echter Champion« (Steffi). Sie übergab der Deutschen den Glücksbringer, den ihr der Boxer Sugar Ray Leonard als Talisman um den Hals gehängt hatte – ein Jahr zuvor. – Ob Fräulein Vorhand eines Tages auch die Größe besitzt, so würdig den Thron zu räumen für ihre Nachfolgerin? – Denn spätestens wenn Steffi in Flushing Meadows den letzten Klassiker der laufenden Saison gewonnen haben wird, wenn sie den goldenen Grand Slam in Händen hält, dann hat sie mehr erreicht, als ein Mensch erreichen kann – nämlich Unsterblichkeit. – Wer will da noch menschlich bleiben? Obgleich sich für Steffi Graf schon heute ein Traum erfüllt

Zwei neudeutsche Champions, denen wir ohne schlechtes Gewissen zujubeln dürfen.

haben mag, sprechen wir nur von Wunder: ein Wunder entwickelt sich, deutet sich an; ein Traum kommt aus dem Nichts; das Unbekannte ist plötzlich da. – Der 17jährige Boris Becker gewann als erster Ungesetzter in der Geschichte des Tennis das bedeutendste Turnier der Welt, den königlichen Wettbewerb von Wimbledon. Mit seinem leidenschaftlichen Offensivspiel setzte er neue Akzente auf dem Court und prägte den modernen Stil der Tennisszene nachhaltig. Boris Becker begann seine Karriere mit dem größten Sieg, den ein Tennisspieler erringen kann. Hier ist er mit Stallone absolut identisch: Stallone begann seine Karriere mit dem Gewinn des Oscars für den besten Film. Im Gegensatz zu Boris Bekker, der Wimbledon zweimal gewinnen konnte und zuletzt

nur von Stefan Edberg im Finale besiegt wurde, ist Stallone von einer erneuten Oscar-Nominierung weiter entfernt, als Patrick Kühnen von einer Finalteilnahme in Wimbledon entfernt war, der erst dem späteren Champion – unter den letzten acht – in vier hart umkämpften Sätzen unterlag.

Angenommen, Patrick Kühnen hätte es tatsächlich geschafft, erst Edberg, danach Mecir aus dem Rennen zu werfen: es wäre zu einem rein deutschen Finale gekommen. Mit einem Triumph über Becker würde Kühnen die Tenniswelt über Nacht auf den Kopf stellen. Ohne Frage wäre er nach Einschätzung der Experten ein noch unwahrscheinlicherer Sieger, als Becker es bei seinem ersten Titelgewinn 1985 war – er ist noch unbekannter, ein noch größerer Niemand. Und trotzdem – Kühnens Sieg hätte den Kriterien eines (amerikanischen) Traumes nicht genügt, sondern nur denen eines unwahrscheinlichen Wunders.

In ›Staying Alive‹ wird Tony Manero der Champion am Broadway. (Stallone: »Ich dachte Erfolg befreit von Verantwortung und von Ängsten. Ich dachte, mit Erfolg könnte man durchs Leben schweben, und jeder klopft einem auf die Schulter und sagt: ›Danke, vielen Dank, machen Sie weiter so.‹«)

Ali Guney, 18 Jahre, aus Berlin Kreuzberg, das dritte von acht Kindern, mehrere Male straffällig geworden, vor Wimbledon Nummer 401 der Weltrangliste, nur mühsam als Qualifikant ins 128er Hauptfeld gelangt, zieht ins Endspiel ein. Ihm reißt beim Stand von 0:6, 1:6, 1:5 und 0:30 bei Aufschlag Beckers die Bespannung seines letzten, von seiner türkischen Mama von den letzten Kröten gekauften Rackets. Boris erbarmt sich: »Der Junge soll wenigstens mit einem anständigen Schläger das Match beenden können.« Er schenkt Ali zwei Rackets. Jetzt wendet sich das Blatt. Mit den Rackets des Champions gewinnt Ali noch im Tie-Break den dritten Satz mit 7:6. Den vierten mit 7:5. Und den alles entscheidenden Satz, nach sechs Stunden und zwölf Minuten, kurz vor Einbruch der Dunkelheit, ganz knapp mit 18:16. Wenn Ali jetzt noch ein der Ausübung des Tennissportes zuwiderlaufendes Gebrechen überwunden hätte, beispielsweise eine Lähmung beider Arme (vergleichbar mit Stallones Sprachfehler), würde der Stallone des weißen Sports vor uns stehen – der Rocky von Wimbledon käme aus dem Abgrund der Gesellschaft. Sein Milieu bildet den abgestandenen Kaffeesatz des demokratischen Westens, in dem es wimmelt von Underdogs – die alle ihre Chance kriegen, den Gipfel des Ruhms zu erklimmen, wenn sie nur den Abgrund zwischen sich und den anderen überspringen. Der Ruhm bringt Geld, und Geld bringt Macht. Die Macht ist nicht nur das oberste Ziel des amerikanischen Traumes, sondern das oberste Ziel der amerikanischen Gesellschaft überhaupt. Und dieses Ziel muß die Wahrheit sein, denn diese Macht ist Produkt des der Verfassung zugrunde liegenden Leib-und-Magen-Gesetzes der Neuen Welt von dem »Gelobten Land« – »God's Own Country«, in dem sich der reine Glaube an Gott auf dem Weg des Kampfes zwischen Gut und Böse in der Staatsgründung natürlich verankert hat. Dies stattet den einzelnen mit viel individueller Freiheit aus, die vom Staat kaum angetastet werden kann (es sei denn, jemand ist Kommunist). Gleichzeitig bleibt sich der einzelne selbst überlassen, wenn er in der Gottesfürchtigkeit des Kapitalismus den kürzeren zieht. Nur der Stärkere bleibt übrig. Der Schwächere geht unter. »Auge um Auge, Zahn um Zahn.« So hat das Pentagon jahrelang die Aufrüstung begründet: aus der Position des Stärkeren, die Russen an den Verhandlungstisch rüsten. – Sie sind das

»Reich des Bösen«, wir sind das Gute. Mit dem »Prinzip der Stärke« hat sich die amerikanische Nation selbst bewiesen, daß der Traum von der Unbegrenzbarkeit ihrer Möglichkeiten (den Möglichkeiten der Macht) sich erfüllt. Die USA existieren etwas über 200 Jahre und sind unbestritten die Weltmacht Nummer eins. Die Vereinigten Staaten haben es geschafft; die Mischung aus Christentum und freiem Kapitalismus – in der heutigen Form des »American way of life« – hat sich nicht schlecht bewährt. Der Preis, den Amerika für diesen Traum bezahlt, ist die drohende soziale Verelendung eines Drittels der Gesellschaft, das in der Hölle leben muß – in einem Zustand, der völlig entmenschlicht ist und das natürliche Anrecht auf die Lebbarkeit des amerikanischen Traumes verwirkt hat. Einer wie Stallone mag sich selbst als leuchtendes Gegenbeispiel anführen – nur, er ist von weißer Haut. Immer noch ein nicht zu unterschätzender Vorteil im »gelobten Land«, wie die Zurückweisung des schwarzen Demokraten Jesse Jackson für das Amt des Vizepräsidenten beweist. Außerdem steht Stallone ohnehin auf dem Standpunkt: »Immer wenn du Bettlern Geld gibst, unterstützt du nur ihr Problem. Du hältst sie damit nur vom Arbeiten ab.« Sein Mitgefühl gehört »Menschen, die physisch deformiert sind, krebskranken Kindern, geistig Behinderten – kurz, all jenen, die alleine nicht zurechtkommen.« Denjenigen, die sozial einen auf der Latte haben, zeigt er als Zombie-Cop in *City Cobra,* daß man als Maniac genauso für das Gute kämpfen kann – als Polizist, auf seiten des Gesetzes, das er so radikal übersieht, wie andere es brechen.

1974 – nach fünf Jahren leben und arbeiten in New York, bricht er mit der »heißesten Stadt der Welt«. Mit sauer verdienten Ersparnissen von 3500 Dollar, einem für 40 Dollar erstandenen Oldsmobile und guten Kritiken für *Lords of Flatbush,* die allerdings kaum mehr wert waren als das Oldsmobile, ging's dorthin, wo die Sonne scheint, ins Mekka der Traumfabriken, nach Hollywood. In der Nähe von *Grauman's Chinese Theatre,* berühmt wegen des Gehsteigs mit den Fußabdrücken der Hollywood-Stars, bezieht er ein bescheidenes Appartement mit seiner Lebensgefährtin Sasha. Er

Ein Zombie auf der Seite des Gesetzes. (Stallone mit der heißen Versuchung Brigitte Nielsen in ›City Cobra‹.)

wird für das Casting von zwei Sidney-Lumet-Filmen bestellt: *Serpico* und *Dog Day Afternoon*. In beiden Fällen entscheidet sich das Studio, die Hauptrolle mit Al Pacino zu besetzen – in der Folgezeit der Star, dessen Schatten Stallones Chancen als Schauspieler in der Filmmetropole drastisch beeinträchtigte. Er galt als einer, der eine ähnliche Ausstrahlung wie Pacino hat, aber dem Star das Wasser nicht reichen konnte. Schon damals war Stallone (im Vergleich zu Pacino) in allen seinen Facetten ein angepaßter Amerikaner und wollte auch nie etwas anderes sein, obgleich ihn sein Status und seine permanente Erfolglosigkeit zum Underdog stempelten. Stallone war trotz der Bemühungen eines Agenten über die Mitwirkung in Roger-Corman-Produkten nicht hinweggekommen. An der Seite von Ben Gazzara mimte er dessen Adjutanten in einer schwachbrüstigen Verfilmung von Al Capones Leben. In dem dummdreisten *Death Race 2000* war er ein schwerer Junge namens »Machine Gun«. Daneben verschaffte ihm sein Ganoven-Low-Budget-Image hin und wieder einen Kurzauftritt. Einmal durfte er in Dick Richards Chandler-Anmutung *Farewell, my Lovely* Robert Mitchum die Knarre an die Schläfe halten. – Alles in allem beunruhigende Aussichten. Stallone hatte bisher ganze 1400 Dollar in Hollywood verdient.

Fälschlicherweise identifizieren ihn viele seiner Fans als Rebellen, wobei sie die rebellische Energie, über die er aufgrund seiner Herkunft und seiner Konditionierung zweifelsohne verfügt, mit seinem tiefen Wunsch, ein guter, aufrechter Bürger der USA zu werden, verwechseln. Wenn Stallone überhaupt je rebellierte, dann nicht gegen das sogenannte Establishment, sondern dagegen, daß ihn dasselbe nicht als gleichwertiges Mitglied aufnehmen wollte. Und je mehr er die Gesetze des brutalen amerikanischen Systems zu seinen Gunsten anzuwenden versuchte, je mehr er seinem großen Ziel, ein guter Amerikaner zu werden, näherkam, um so stärker war die Ablehnung derjenigen, denen er gefallen wollte, der »Crème de la Crème« von Hollywood. Neid spielt dabei sicher eine Rolle. Viele gönnen Stallone den großen Erfolg nicht. Aber auf *Rambo III* braucht keiner neidisch zu sein. Da lachen sich alle nur noch ins Fäustchen. – Die Kommunisten taugen nicht mehr als Feindbild, und Stallone ist der allerletzte, der dies bemerkt hat. Zu spät. *Rambo III* war schon im Kasten, bevor Gorbi seine Mannen aus Afghanistan zurückbeorderte. Numero III ist mit Abstand der teuerste aller Rambos und mit Abstand – legt man die amerikanischen Einspielergebnisse zugrunde – der unprofitabelste. Den Kampf gegen den imperialistischen Kommunismus hat eindeutig Gorbatschow gewonnen. Richard Nixon bescheinigte dem Russenführer außerordentliche Qualitäten: »Er wäre ein guter Präsident der USA.« Gorbi selbst beauftragte schon vor zwei Jahren eine amerikanische Agentur, für ein angemessenes Image in der amerikanischen Öffentlichkeit zu sorgen. Der Erztraditionalist tut sich schwer mit dem Begreifen der Veränderung in der Welt. Er, der wie kein anderer nach dem »Prinzip der Stärke« denkt, fühlt und filmt, d. h. seine Gesinnung konsequent über ein notwendiges Feindbild absichert, ist von seinem Lieblingspräsidenten enttäuscht, der jetzt sogar als »Abrüstungspräsident« in die Geschichte eingehen wird. Unter dem Banner des Feindbildes marschiert Stallone auch 1988 weiter: »Heute würde ich Rambo nach Panama zu Noriega schicken.«

Eine ganze Portion gekränkter weißer Stolz stand Pate bei der Konzeption des ersten Rocky-Films, zu dem Stallone von dem Boxkampf zwischen dem weißen Herausforderer Chuck Weppner und dem schwarzen Champion Muhammad Ali am 15. März 1975 inspiriert wurde. Der letzte weiße Schwergewichtsweltmeister war der Schwede Ingemar Johansson, der

›Rambo III‹ – ein kommerzielles Opfer von Glasnost. (Stallone kommt zu spät – die Russen sind schon am Abziehen.)

den Titel 1959 von Floyd Patterson gewann, um ihn im Rückkampf gleich wieder an denselben zu verlieren. Seit damals, seit 1960, gab es nicht mehr als eine Vielzahl wackerer Kämpfer, die die »weiße Hoffnung« symbolisierten. (Karl Mildenberger war einer von ihnen. Zwölf Runden gegen Ali.) Ein wirklicher Aspirant auf den Titel war nicht darunter. Alles, was dem weißen Fan übrigblieb, war die zähneknirschende Erinnerung: »Marciano und Dempsey hätten den schwarzen Bastard gekillt.«

Das Boxen ist nur eine von vielen Sportarten in den USA, die von Schwarzen eindeutig dominiert werden. Aber beim Faustkampf materialisiert sich das »Prinzip der Stärke« sportlich am ausdrücklichsten. Und in einer Gesellschaft, die von weißem Reichtum und weißer Macht beherrscht ist, schmerzt die schwarze Übermacht im Ring wie der Splitter im Auge. In *Rocky* wird dieser Makel mit dem »italienischen Hengst« beseitigt. Durch eine Laune des Schicksals – der Champion sucht einen Ersatzgegner, und ein Italo-Amerikaner sorgt da für reichlich PR-Zündstoff – darf Rocky einen Kampf über die volle Distanz bestreiten. Der weiße Mann ist nicht länger

Ein Bild des Triumphs: ›Rocky‹ holt sich den Titel von Clubber Laing zurück.

der geprügelte Hund, das unterlegene Schlachttier, sondern der siegreiche Verlierer, der hocherhobenen Hauptes die Arena verlassen kann. Die Ehre der weißen Rasse ist wiederhergestellt.

Seit College-Zeiten ist Stallone ein begeisterter Anhänger und ein Kenner des Boxsports. Zeitweilig hat er ja als Boxtrainer sein Studium in der Schweiz finanziert. Chuck Weppner galt in Fachkreisen eigentlich als chancenloser Herausforderer gegen Ali. Er tauchte nicht einmal in den Top Ten der Weltrangliste auf. Wie er es bewerkstelligte, einen Kampf mit dem Champ zu bekommen, wissen die Götter. Spott und Gelächter erntete er, als er verkündete, er hätte eine echte Gewinnchance im Titelkampf. Insider werteten diese jeder Grundlage entbehrende Selbstüberschätzung als einmaligen Versuch eines Nobodys den Glanz des Rampenlichtes mit seiner Person auszufüllen. Schließlich erwartete ihn der größte Tag seines Lebens. Abgesehen von der Börse, die er kassieren würde. Und ganz gleich, wie der Kampf ausging, Weppner war herausgetreten aus der Riege der Namenlosen und genoß die Publicity ausgiebig.

Der Kampf selbst stieß die Fachwelt vor den Kopf. Ali konnte Weppner nicht vorzeitig besiegen. Er mußte über die volle Distanz von 15 Runden gehen. Alle Welt hatte Weppner unterschätzt. Freilich, ernsthaft gefährden konnte er Ali nicht, hier weicht Stallones Drehbuch von der Wirklichkeit ab, aber Weppner bewies meisterliches Stehvermögen. Stallone hatte den kreativen Ansatz für sein Boxermärchen gefunden: ein Weißer fordert den schwarzen Weltmeister; ein Kampf Weiß gegen Schwarz. – Und Stallone, der ehrgeizige Kleindarsteller und verbissene Amateur-Autor, fordert die Mächtigsten der Filmwelt. Ausgerechnet in einem Genre, das von jeher von kommerziellen Debakeln charakterisiert wurde. Noch heute ziehen die Produzenten ihre Scheuklappen zu, wenn ein Sportfilm auf dem Tisch liegt. Außer der Rocky-Serie gab es in den letzten 15 Jahren nur zwei Filme mit gleichem Topos, die kein Verlustgeschäft waren: Peter Yates' Rennrad-Movie *Breaking Away* und Hugh Hudsons Olympia-Epos *Chariots of Fire*. Bei *Rocky* rechnete das Studio mit maximal fünf Mil-

Regisseur Hugh Hudson. Für ›Chariots of Fire‹ gewann er vier Oscars. Und sein Produzent David Puttnam rief aus: »The British are coming!«

lionen Dollar Einnahmen. Stallones Skript mag die Finanzierung der niedrigen Produktionskosten erleichtert haben. Das renommierte Produzentengespann Winkler und Chartoff (*Nur Pferden gibt man den Gnadenschuß, New York, New York*) kalkulierte 1,7 Millionen Dollar Herstellungskosten.

Das finanzielle Risiko hielt sich also von vornherein in akzeptablen Grenzen. Daneben beobachteten sie einen Stimmungswandel im amerikanischen Zeitgeist, der in der dramatischen Konstruktion des Rocky-Charakters einen adäquaten Ausdruck fand. Nach einer Dekade deprimierender Selbsterfahrung wollten die Menschen wieder einen positiven Helden sehen, der ihnen den »amerikanischen Traum« in seiner ganzen Großartigkeit wieder zurückgab. Der Indochina-Krieg (Massaker von My Lai) produzierte weltweit das Bild vom »häßlichen Amerikaner« und ramponierte das Bild von »God's Own Country«. Filme wie der *Pate I* und *II* und *French Connection* beschrieben das Verbrechen schonungslos als unverzichtbaren und unauslöschlichen Bestandteil der anglo-amerikanischen Kultur, was in der Realität durch Watergate unwiderruflich bestätigt wurde. »Ich glaube an Amerika« – Worte eines Mafiosi zu Beginn des *Paten,* kennzeichnen das jammervolle Klima des Wertverlustes. In Coppolas 1974 entstandenem *The Conversation* wird ein Abhörspezia-

»Ich bin mir darüber bewußt, daß ich immer und für alle Zeiten im ›Rocky‹-Image gefangen bin. Ich werde immer ›Rocky‹ sein. Solange ich lebe. Vielleicht soll es ja auch so sein. Vielleicht ist das mein Schicksal.«

list paranoides Opfer seines eigenen Berufes. Was ist aus Amerika geworden? – Nur noch Lug, Trug und Wahnsinn quellten aus allen Ritzen.

Stallone ist im Besitz von genau 104 Dollar, als ihm Winkler und Chartoff 75 000 für den Entwurf vom anderen, vom verläßlichen, vom Amerika Rockys bieten. Angesichts der ärmlichen Verhältnisse, in denen Stallone lebte, war es für die United Artists keine Frage, daß der Autor zugreifen würde. Für die Titelrolle waren James Caan und Ryan O'Neal im Gespräch. – Nix da! Stallone verkaufte *Rocky* nicht. »Entweder ich bekomme diese Rolle oder ich will überhaupt keine mehr in diesem Geschäft spielen.«

Das Studio war von Stallone als Rocky nicht überzeugt; um so mehr von dem Projekt. Sie verdoppelten ihr Angebot auf ca. zehn Prozent des vorgesehenen Gesamtbudgets. Doch auch das Spitzenhonorar von 150 000 Dollar konnte Stallone nicht zum Verkauf animieren. Er stellte klar, daß Geld überhaupt kein Reiz für ihn sei. Die Rocky-Figur war der Inbegriff seines Lebens. Er – und niemand sonst – ist Rocky; keiner kennt Rocky so genau. Er will ihn darstellen – notfalls auch umsonst. Schließlich zwingt er den Major in die Knie. United Artists akzeptiert Stallone als Hauptdarsteller. Allerdings schrumpft deswegen das Budget auf 960 000 Dollar. Stallone erhält 50 000 für das Drehbuch und weitere 20 000 für die Hauptrolle. Insgesamt um die Hälfte weniger, als sie ihm zuletzt nur für die Verfilmungsrechte zahlen wollten. Stallone, der in größenwahnsinniger Vorausschau seinem Film das gigantische Einspielergebnis von 100 Millionen prophezeite, bestand auf prozentualer Beteiligung. – Sein Größenwahn trog ihn nicht. Rocky spielte sogar mehr ein.

Stallone hatte nicht nur mit seinem superben Drehbuch dem Boxermärchen ein großes Herz gegeben – um den zentralen Charakter Rocky scharte sich ein ideal besetztes Ensemble. Talia Shire, die Schwester Francis Coppolas, für *Pate II* mit einer Oscar-Nominierung belohnt, spielt Rockys Geliebte. Adrian mausert sich, mit der zarten Hilfe des Boxers, vom häßlichen Entlein aus der Zoohandlung zu einem reizenden Mädchen, das dann Rockys sexuelle Enthaltsamkeit vor dem

Adrians Wandlung – die Entdeckung der Sinnlichkeit.

Titelkampf nicht ganz versteht. Unnachahmlich Burt Young, Adrians Bruder und Rockys bester Freund, das amerikanische Urvieh eines schmierigen Redneck. Er schlägt in der

Rolle des Kühlhaus-Aufsehers Paulie schauspielerisch reihenweise dreifache Salti. – Jeden Morgen bekommt Rocky ein Stück Fleisch, und dann darf er sich seine Hände an rohen Schweinerücken blutig schlagen. Der Vater von Rockys Erfolg, Mickey, wird von dem vitalen Oldtimer Burgess Meredith, als Kauz in Schlesingers *Tag der Heuschrecke* nur knapp am Oscar vorbei, hinreißend und in der Tradition der großen Hollywood-Mimen aufs Zelluloid-Parkett gelegt. Durch seine enorme Spritzigkeit wird jede noch so banale Erkenntnis über die Linksauslage seines Schützlings zur archivierbaren Lebensweisheit des Boxens. Da fällt es schwer, kein Boxfan zu werden. Mitreißend seine Methode, mit einer um die Beine gebundenen Schnur die Standfestigkeit von Rockys Linksauslage von der Plumpheit zu befreien und dem unorthodoxen Boxstil einen fürchterlichen Punch zu geben. Dadurch erst wird er zum »Italian Stallion« – zum »italienischen Hengst« –, zum perfekten Schläger mit perfekten Nehmerqualitäten. Konditionell war Stallone durch das Training, das ihm seine Rolle abverlangte, derart auf der Höhe, daß er »sechs professionelle Runden durchgestanden« hätte.

Die exzellente Besetzungsliste wird fortgesetzt von dem Footballstar der Oakland Raiders, Carl Weathers, der als Champion Apollo Creed schamlos Muhammad Alis unvergeßliche Seltenheit kopiert. Zwar erlaubt ihm das Drehbuch das einmalige, leichtfüßige Tänzeln und das Showtalent des Vorbilds, die politischen Statements Alis dagegen klammert es konsequent aus. Das Narbengesicht Joe Spinell glänzt in einer kleinen Rolle als warmherziger Mini-Mafioso, der Rokkys Trainingsspesen übernimmt. Es ist das Verdienst des großartigen Drehbuchs von Stallone, daß praktisch keine Figur zur Nebenfigur degradiert wird. Aber es ist vor allem das Verdienst des damals 40jährigen Regisseurs John G. Avildsen, daß die Gratwanderung zwischen Klischee und Wahrhaftigkeit niemals in den Kitsch abrutscht. Die zurückhaltende und sensible Inszenierung, kongenial ergänzt von James Crabes virtuos-realistischen Bildern, macht das märchenhafte Ambiente des Aschenputtel-Sujets zu einer aufregenden Studie, die den Augen den Blick in den »amerikanischen Traum« so

»*Ich sehe ›Rocky‹ mit dem Körper eines Mannes und dem Verstand eines Fünfzehnjährigen. Er ist sentimental und leicht verletzlich, leicht zu kränken. Bücher sind nicht sein Hobby, aber er kann sich mit den Leuten unterhalten.« James Caan, der Favorit des Studios für die Besetzung der ›Rocky‹-Rolle, hier als tumber Ex-Football-Star in Coppolas ›The Rain People‹.)*

wirklichkeitsnah wie nur möglich vortäuscht. Die Identifikation mit der Illusion, die von Rockys unschuldiger Bescheidenheit getragen wird – in Abstimmung mit dem großmäuligen Apollo – steigert die Erwartung in den Zustand eines kleinen Jungen, der nur darauf wartet, endlich die Welt aus den Angeln heben zu können. Bedenkt man, daß dieser schwierige Film in 20 Tagen abgedreht wurde, ist der Regie-Oscar für Avildsen die gebührende Auszeichnung für seine bravouröse Leistung. Sein Film funktioniert auf allen Ebenen: Als rührende, aber nicht rührselige Liebesgeschichte zwischen Rocky und Adrian besitzt er Wärme und Zartheit; als stilsicherer Schauspielerfilm, in der souveränen Führung der Figuren erzeugt er Nähe und Verständnis. Als klassisch komponierter Viersatz – Exposition – Konflikt – Krise und Erlösung – knüpft er an das große Erzählkino an. Und als ein von der Realität ausgeborgtes Dokument (Ali/Weppner), das Wahrheit absondert, streift *Rocky* die falsche Haut der Wirklichkeit ab, um die Welt eines Besseren zu belehren. Die Abkehr vom Antihelden, dem favorisierten Protagonisten des neuen Hollywood, die Hinwendung zum Winner, zum klassischen Helden des Alten Hollywood, wehte Urtugenden von Fleiß, Rechtschaffenheit und Aufrichtigkeit in die Wunden einer geprügelten Weltmacht und brachte nostalgische Sehnsüchte auf den Punkt. *Rocky* zeigte, wie Amerika sein verlorenes Gesicht wiederfindet. Avildsen drückte es einfach aus, als er seine Oscar-Rede hielt: »Ich glaube, *Rocky* hat sehr vielen Menschen Hoffnung gegeben.« Stallone kann das nur unterstreichen. Ganz und gar ein Rebell nicht gegen, sondern für die Konvention, ist er so ziemlich der einzige Star, der das »Methodische Spiel« (»Method Acting«), das von Lee Strasberg und Elia Kazan entwickelte Schauspielerprinzip der vollständigen Erforschung von Körper, Seele und Geist, total ablehnt. Stallone: »Ich komme von außen und arbeite mich zum Herz vor.« Und: »Mit mir beginnt eine neue Ära von Schauspielern. Hollywood hatte in den dreißiger Jahren die Theaterschauspieler. Dann entwickelte es seine eigenen großgewachsenen, breitschultrigen Typen – Kirk Douglas, Vic Mature und Burt Lancaster. Dann wurde es irgendwie kunstgewerblerisch, und heraus kamen diese intellektuellen Typen. Aber die Welt ist ein Rad, das sich dreht, und nun sehen wir den mitteilsamen Schauspieler, den Schauspieler, der ein Held sein will; den Schauspieler, der Sicherheit ausstrahlen und der seine Zuschauer zum positiven Denken ermutigen will.«

Der vierfache Oscar-Preisträger Frank Capra (dreimal für Regie, einmal für Produktion), damals ein 79jähriger Hollywood-Veteran, hatte seine helle Freude an *Rocky*. Zu Stallone sagte er: »Mensch Junge, das ist ein Film. Ich wünschte, ich hätte ihn gemacht.« Capras in den dreißiger Jahren gedrehte Filme – *Mr. Deeds Goes to Town* – *Mr. Smith Goes to Washington* u. a. – waren vom selben Geist. Sie glorifizierten die moralische Integrität kleiner Leute, die sich dem System – Big Business und Politik – hartnäckig widersetzten.

Das alte und das neue Hollywood lagen *Rocky* zu Füßen. Stallone wurde als neuer Brando gehandelt, obschon er von der Schauspielkunst des großen Brando nicht viel hält. Stallone war der dritte Künstler in der Geschichte des Films – nach Charlie Chaplin und Orson Welles –, der sowohl für die beste Hauptrolle als auch für das beste Drehbuch für den Oscar nominiert war. Im Jahr darauf kam Woody Allen für *Annie Hall* in den Genuß dieser Ehre. Stallone gewann kei-

Erst 1984 – mit dem faszinierenden ›Karate Kid‹ – konnte Regisseur John G. Avildsen wieder einen kommerziellen Erfolg landen.

nen der beiden Oscars, aber als der wertvollste Oscar von allen, der für den besten Film des Jahres (der Produzenten-Oscar), an *Rocky* verliehen wurde, bestieg Stallone zu Recht das Podest und verkündete: »Wir haben den Großen gewonnen.«

Die Produzenten Chartoff und Winkler faßten das Lebensgefühl ihres Produktes folgendermaßen zusammen: »Unser Film ist eine Hymne auf den Optimismus der beginnenden Carter-Ära.« Dieser große Film zum Low-Budget-Preis spielte 130 Millionen Dollar ein und übertraf damit Stallones kühne Prognose. Daß die Ära Carter nur der Nährboden für übersteigerten Patriotismus und alles andere als Optimismus und Stärke war, konnte Stallone nur recht sein.

F.I.S.T. – Die Faust des Schicksals

Der Triumph von *Rocky* – Stallone hatte inzwischen Sasha geheiratet, Sage, ihr gemeinsamer Sohn, war geboren – manövrierte den neuen Superstar vorübergehend in eine künstlerische Hochebene. In die höchste Etage der Ruhmesklasse aufgestiegen, beeilt sich jeder Newcomer, den Bonus eines frischen Oscars mit einem hochkünstlerischen, kommerziellen Projekt zu erhalten. Es ist die Preisverleihungspolitik der Akademie in Hollywood, das Bedürfnis nach Stars, nach neuen Stars stets zu beleben. Der Markt ist auf sie angewiesen. Und der Markt muß sie ständig produzieren. Ohne Stars ist er schlecht beraten. Die oft als kitschige Selbstinszenierungsschote beleidigte, alljährlich stattfindende Oscar-Verleihung hat aus ihrer Funktion noch nie einen Hehl gemacht. Sie ist dazu da, am Saisonende die besten Produkte gebührlich zu feiern. Zu den Produkten gehören auch Menschen – die Stars. Der Oscar ist freilich die Auszeichnung der Jury, einer durchlauchten Gesellschaft – sie sind, wie die Rockmusiker, gewissermaßen Aristokraten der Popularität. Ein gewöhnlicher Sterblicher hat hier keinen Zutritt. Man darf sie im Kino und auf der Leinwand bestaunen. Sonst nicht. Obwohl ihr Leben der Öffentlichkeit gehört. Über jeden Furz, den sie lassen, wird in den Medien berichtet. Wir dürfen alles über sie wissen, aber berühren können wir sie nicht. Deshalb ist der Oscar auch der begehrteste aller Preise. Einfach das Größte; für einen Künstler wahrscheinlich wie der Olympiasieg für einen Sportler. Fast alle Stars haben ihren Status über den Oscar gefestigt. Das jüngste Beispiel ist der Schauspieler William Hurt, der seit *Der Kuß der Spinnenfrau* mit jeder neuen Rolle für den Oscar nominiert wurde.

Bei den anderen kreativen Positionen gilt das gleiche. Sie bilden das Starkorsett der Branche. Sie schreiben die Rollen für die Stars, führen sie ins rechte Licht, stellen sie in Dekors, ziehen sie an und geben ihnen Rhythmus und Musik. Hier konnten sich zuletzt die Autoren und Regisseure James L. Brooks *(Zeit der Zärtlichkeit, Nachrichtenfieber)* und Oliver Stone

(Platoon, Wallstreet) Geltung verschaffen. Der geniale italienische Fotograf Vittorio Storaro gewann in diesem Jahr bereits zum dritten Mal innerhalb von neun Jahren den Oscar für *Der letzte Kaiser.* Der Südtiroler Komponist Giorgio Moroder *(Flashdance, Midnight Express)* ist für eine Nominierung immer gut. Und die Special-Effect-Wunderknaben von George Lucas' Industrial Light & Magic sind praktisch auf Oscars abonniert. Das heißt nicht, daß ein Oscar-Gewinner automatisch für sein nächstes Projekt wieder mit der heißbegehrten Trophäe rechnen kann – nur, daß seine nächste Arbeit mit sehr viel Wohlwollen betrachtet wird. Es ist wie mit der Million: Die erste ist immer die schwerste. Vorneweg – Stallone peilte mit seinem neuen Film *F.I.S.T.* zwei Nominierungen an: für das beste Drehbuch und für die beste schauspielerische Leistung.

Das Wunder der 130 Millionen, die das Boxermärchen *Rocky* in die Kassen brachte, beseitigte die letzten Hemmungen, so daß der Ruhm dem Emporkömmling ungeniert in den Kopf steigen konnte. Stallone verlor den Boden unter den Füßen. Eine Einladung ins Weiße Haus tat das übrige. Bei Gott, das hatte er sich mehr als verdient. Sein Film sprengte das Box-Office. In den USA kann man es nicht besser machen. Mehr geht nicht. Deswegen wurde er von Präsident Carter eingeladen. Nicht nur dieser, sondern alle anwesenden hohen Funktionäre aus Politik und Gesellschaft begrüßten ihn mit denselben Worten: »Es ist mir eine Freude, Sie kennenzulernen, Rocky.« Senator Ted Kennedy klopfte ihm auf die Schulter: »Hallo, Rocky! – Kann ich bitte drei Autogramme für meine Kinder haben?« – Das anschließende Dinner war arrangiert. Stallone suchte unsicher nach der golden verzierten Platzkarte. Da war sie: »Sylvester Stallone«. Offenbar hatte sich jemand seines wahren Namens erinnert. Er setzte sich. »Wollen Sie auch etwas Kartoffeln, Rocky?« – fragte ihn der Mann vom Service. Das hat gesessen. – Stallone mußte sich damit abfinden, daß er mit dem naiven, dümmlichen Boxer, den er erfunden hatte, identifiziert wird.

Die Feste der besten Kreise in Beverly Hills machten ihn aus anderem Grunde zu einem Gedemütigten. Kaum hatte er die

»Im Spiel um Ruhm und Erfolg habe ich nur jeden erdenklichen Fehler gemacht. Und noch einige dazu erfunden. Aber ich bin froh, diese Erfahrung gemacht zu haben. Denn es gibt kein Mysterium. Es gibt keine Antwort. Suche nicht mehr nach dem Glück. Den Dauerzustand des Glückes gibt es ohnehin nicht. Es geht nicht, daß du jeden Morgen aufwachst mit einem Grinsen, das von einem zum anderen Ohr reicht.« (In ›Staying Alive‹ ist Stallones einziger Auftritt genauso unprätentiös und originell wie fast seine gesamte Regieleistung.)

Party betreten, begann man zu tuscheln. Er beobachtete Leute, die ihn verdutzt anstarrten und dann die Köpfe zusammensteckten. Nach einer Weile wußte Stallone, was da geflüstert wurde. Er konnte es nicht ertragen und brüllte los: »Es stimmt! Ich bin nicht so groß, wie ihr gedacht habt. Okay! Mir reicht's. Hört mit dem Geschwätz auf und genießt die Party.« – Er war reich. Er war berühmt. Er war an der Spitze. Aber jeder hielt ihn für einen anderen. Verdammt! – Was hatte er verbrochen? »Ich fühlte mich vom Rocky-Image gefangen. Ich dachte: Sehen die Leute denn nicht, daß ich kein dümmliches Individuum mit belegter Zunge bin? Daß ich diese Rolle nur schrieb und in die Produktion involviert war? Aber die Leute haben stets nur berichtet, was für ein Neandertaler ich privat war, daß ich Rocky bin. Ein Gassenhauer. Und daß diese Rolle die einzige ist, die ich fähig bin zu spielen.«

Wo war er gelandet? – Hat ihn sein unbeschreiblicher Durchbruch nicht erlösen können vom Ruch des Blödians? – »Du bist nicht mit besonders viel Grips auf die Welt gekommen«, sagte sein Vater zu ihm, als er ein kleiner Junge war. Dem tapferen Schneiderlein genügten »sieben auf einen Streich«. Ihm genügten nicht mal 130 Millionen, um in der scheinintellektuellen Welt der Filmmetropole bestehen zu können. – War er der Muskelprotz, dessen Finger zu dick sind, um die feine Nähnadel aufzuheben? – Mit einem einzigen Film schlug er sich an die Spitze der Industrie, die Träume verkauft. Für ihn persönlich schlug es *High Noon: Zwölf Uhr mittags*. Er verstand die Welt nicht mehr. Gab es da vielleicht doch etwas anderes außer Geld, was zählte?

Die Geschichte vom Aufstieg endet damit, daß der Arme die Lumpen gegen Reichtum eintauscht, daß der Verachtete die Bürde seiner Herkunft überwindet. Damit hat er längst noch nicht gewonnen. »Zum ersten Mal in meinem Leben hatte ich Angst, alles, was ich erreicht hatte, wieder zu verlieren. Vorher war es mir egal. Da war ich ein Nichts.« Auf die Realität des »amerikanischen Traumes« war Stallone nicht vorbereitet; noch war er der Praxis des Traumes gewachsen. Sein gedankliches Konzept reichte nur bis zum Ende seines Filmes. Auf dem Höhepunkt der Hilflosigkeit starb seine Beschützerin und Managerin Jane Oliver. »Ich fühlte mich betrogen. Sie hatte mir nicht einmal etwas erzählt von ihrer Krankheit. Eines Tages rief ich ahnungslos bei ihr an. – Ihr Mann sagte nur: ›Sie ist tot.‹«

Die süße Creme des Erfolgs schmeckte bitter. Stallone konnte sie nicht genießen. Seine Familie, dachte er, verüble ihm die Parties, auf die er sich ein Leben lang gefreut hatte. Er turtelte mit Girls: »Ich bin nicht so ein Typ, der sich verstellen und so tun kann, als wäre zu Hause alles in Ordnung, während er in jedem Hafen ein Mädchen hat, mit dem er es treibt ...« – was den Reinheitsgehalt seines Rocky-Images wahrlich besudelte. Er sprach nicht mehr mit seinen alten Freunden. Er hatte um so mehr Kontakt zu seinem neuen Manager Jeff Wald, dem Ehemann der Sängerin Helen Reddy, der beispielsweise auch die Interessen von Donna

Summer vertrat. Wald besorgte Stallone im Handumdrehen die Gewinnprozente von *Rocky*. Der Film raste unaufhörlich in den Megaprofitbereich, aber Stallone, sein Schöpfer, hatte noch keinen Cent davon gesehen. Trotzdem: »Ich wurde ein Einsiedler.« Zwei Monate schlief er auf einem Sofa in einem Büro von Universal. »Doch die größte Veränderung betraf meine Werte. Ich wurde neidisch und gierte nach dem Erfolg anderer.« Gleichsam bedrängte ihn die bestürzende Ungewißheit, daß ihm möglichweise für alle Zeiten der kreative Saft ausgegangen sei: »Ich glaube, alles verloren zu haben. Ich glaube, niemals wieder diese künstlerischen Momente zu erleben. Ich fühlte, wie ich unterging.«

Das nächste Projekt wartete: *F.I.S.T. – Ein Mann geht seinen Weg*. Der Aufstieg und Fall des mächtigen Gewerkschaftsbosses Johnny Kovak paßte da wie die Faust aufs Auge. Das erste Mal nahm sich Hollywood dieses brisanten Stoffes der amerikanischen Arbeiterbewegung an. Zwei Jahre zuvor war das Leben des Protestsängers Woodie Guthrie verfilmt worden, der auch eine Symbolfigur proletarischer Organisierung war – genauso wie der brillante, bullenstarke Führer der Transportarbeitergewerkschaft Jimmy Hoffa, an dessen Lebensgeschichte sich *F.I.S.T.* anlehnt. *Bound for Glory* – so der Titel der Woodie-Guthrie-Story – wurde mit zwei Oscars ausgezeichnet (übrigens konkurrierte er mit *Rocky* um den Oscar für den besten Film des Jahres). Günstige klimatische Bedingungen, ein so brachliegendes Thema zu vermarkten. Und eine gute Chance, sich künstlerisch zu profilieren. Stallone: »Ich mühte mich vergeblich, ein geeignetes Projekt nach *Rocky* zu finden. Viele Drehbücher kamen auf meinen Tisch. Aber die meisten waren irgendwelche Gangsterfilme oder noch mehr Boxergeschichten. Wirklich keine überzeugenden Stoffe. Der nächste Film sollte mich als Schauspieler herausfordern und ein wichtiger Film sein.« – Er war entschlossen, den Spöttern und Neidern eine Lektion zu erteilen. Sie sollten sehen, über wieviel Esprit und schauspielerisches Potential er verfügt. Total in der Isolation, untermauerten die Hiebe, die er im Grunde gegen alle namhaften Kollegen und gegen Marlon Brando im besonderen austeilte, seinen Ruf

»Method Actor« Robert de Niro war monatelang in New York Taxifahrer, bevor er den Travis-Charakter in ›Taxidriver‹ spielen konnte.

als komplexbeladener Volltrottel. – »Ich bin nicht die ganze Nacht wach, trinke Brandy und denke über Motivation nach. Entweder kann ich die Rolle spielen – oder ich kann es nicht.« – »Ich sehe mich eher als neuen Peter O'Toole. Aber Brando? ... Ich mag ihn nicht, weder als Mensch noch als Schauspieler. Ich liebe meine Arbeit; aber Brando gehört zu jenen Mimen, die unseren Beruf in Verruf bringen.«
Seit 1951 *Endstation Sehnsucht* den Durchbruch des »Method

Acting« mit der Galavorstellung vor allem Marlon Brandos in der Rolle des Kowalski (»Steeelllaaa!!!«) gebracht hatte, gehört die Erforschung von Körper, Seele und Geist – durch spezielle Übungen wie z. B. »Sense Memory« – zum unbedingten Instrumentarium eines modernen, aufgeklärten Schauspielers. Und zwar auf der Bühne genauso wie im Film. (In der BRD wird diese Technik leider noch immer mit großen Vorbehalten beurteilt. Dem großartigen Versuch Dieter Traiers, der mit großer Kenntnis und Hingabe nach dem Vorbild des New Yorker Actors' Studio eine derartige Schule in München einrichtet, kann man daher nur Glück wünschen.). Der »Method Actor« gerät in den Zustand seiner Rolle nicht mit den gewöhnlichen Mitteln des Imitierens – vielmehr sucht er den Charakter der Figur, ihre psychologische Struktur in seinem Inneren und wird derselbe ganz und gar. Er steht damit im Gegensatz zum konventionellen Schauspieler, der den Charakter mehr oder weniger nachahmt und perfekt so tut, als wäre er derjenige. Ein klassisch ausgebildeter Schauspieler muß also nicht denken und nicht fühlen und kann trotzdem ein optimales Ergebnis in seiner Kunst erreichen. Ein »Method Actor« ist ohne das Nachvollziehen der Psychologie völlig aufgeschmissen und wird kläglich versagen. Er ist derjenige selbst, fördert verborgene Ressourcen zutage, stellt sich in Frage, überwindet die Scheu vor den destruktiven Energien, übernimmt die Persönlichkeit seiner Figur, was eine authentischere Komplexität und Reichweite erschließt. Das »Method Acting« ist kein Handlanger der Schonung und Schönung. Es kristallisiert den gebrochenen Charakter als lebendige Einheit heraus. Es bringt Licht in das Dunkel der verdrängten Unmenschlichkeit. Es erfordert Stärke und großes Selbstbewußtsein, den Beruf des Schauspielers auf diese Weise zu erlernen, denn der Trip in den seelischen Untergrund beginnt zuvorderst beim Schauspieler. Indem er die Anteile matter Eigenschaften in sich selbst erkennt, erhöht er die Sensibilität für die Widersprüchlichkeit seiner Rolle – er nimmt seine eigene Gebrochenheit wahr. So gesehen eliminiert das »Method Acting« das Spiel. Ein »Method Actor« spielt nicht. Er ist. – Während ein klassischer

Schauspieler mit »unechten« (nicht aus sich selbst reproduzierten) Mitteln Authentizität erzeugt. Das »Method Acting« macht den Schauspieler zum Autor seiner eigenen Innenwelt, die er in der jeweiligen Rolle erzählt. Dabei entsteht ein Paradoxon: Obwohl er immer ein anderer ist, bleibt er doch stets derselbe. Der klassische Schauspieler läßt sich in der Regel nicht so intensiv – mit seiner ganzen Persönlichkeit – auf eine Rolle ein. Er spielt den General, den Piloten, den Bibliothekar hinreißend, ohne das geringste dabei zu empfinden, ohne das geringste für diese Figuren zu empfinden. In dieser Hinsicht ist Stallone eher ein »Method Actor«, denn offensichtlich erfüllt der Rocky mit seiner ganzen Persönlichkeit. Er ist Rocky. Dennoch wird der Rocky-Charakter mitnichten von Widersprüchlichkeiten bestimmt. Er ist so rein wie die Jungfrau von Orleans und im Kopf so beschränkt wie der Mann, der Holz in den Wald trägt. Die Rambo-Gestalt variiert dieses simple Schema. Rambo ist Rocky, der bei der Musterung nicht durchfällt (wie übrigens Stallone), in Vietnam fürs Vaterland kämpft und eigentlich ein Leben lang kämpfen möchte. Die matte Seite von Rocky also ist Rambo. Wenn Stallone seine Abgründe erforschte, dann landete er bislang beim aufgestauten Frust des Mannes auf der Straße, der in Vietnam die Welt untergehen sah, das Verbrechen für eine Krankheit hält und den Liberalismus dafür verantwortlich macht. Das Spektrum seiner Wahrnehmung ist nicht sehr differenziert. Nur unter der Bedingung, daß er sich die Rolle des Johnny Kovak maßschneidern durfte, war er gewillt, den Part zu akzeptieren. Begründung: »In der ursprünglichen Fassung war Johnny Kovak ein hinterhältiger Schuft, die größte Ratte in Menschengestalt, die je über den Erdball gelaufen ist. Am Ende, wenn er erschossen wird, würde jeder jubeln.« – Klar – so einen üblen Schurken wollte Stallone natürlich nicht spielen. Er, der Star, schlüpft nur in die Haut eines Guten. Wahrscheinlich glaubt er, die Darstellung eines zwielichtigen Charakters mache ihn genauso unsympathisch wie Johnny Kovak. Daß dadurch die innere Dramatik der Figur verarmt, wollte dem borniertem Stallone nicht in den Kopf. Er glaubte, das Erfolgsrezept gefunden zu haben: »Jeder Film mit Herz,

Drive und Humor ist ein sicherer Gewinner ... Die Leute wollen die Anti-Helden-Botschaft nicht mehr hören. Ich kann über mich selbst lächeln, und darin unterscheide ich mich von anderen.« Letzteres darf im nachhinein stark angezweifelt werden. Darüber hinaus verschwand die Vielschichtigkeit des Johnny Kovak in der Vierschrötigkeit einer eindimensionalen Erfolgsformel. Zusätzlich wurde der Kovak-Charakter noch mit einer Glasur aus Rockys Reinheitsgeboten überzogen, damit sich Stallone nun endgültig nicht mehr von dem Image lösen konnte, unter dem er so sehr litt. Die Chance, als ernsthafter Schauspieler Anerkennung zu finden, hat er geschlachtet wie der Bauer sein bestes Vieh. Kovak ist stark, aufrecht, mannhaft, ehrbar und verläßlich. Seine Liaison mit der Mafia, die ihm späterhin das Genick bricht, wird als erzwungene Notdurft eines einst Machtlosen hingestellt. Die einmalige Inanspruchnahme der brutalen Dienste des organisierten Verbrechens verstrickt ihn in eine halblegale Kollaboration mit der ehrenwehrten Gesellschaft. – Irgendwo draußen im Land weigern sich Arbeiter, der Gewerkschaft beizutreten, weil ihr Boß die höchsten Löhne bezahlt und die besten Sozialleistungen gewährt. Die Mafia regelt die Angelegenheit für Kovak. Seine Gegenleistung: Nur Betreiber einer Musikbox werden von den Truckern mit Spirituosen beliefert bis hin zur Finanzierung von Krediten aus den Mitgliedskassen der Union. Deutlich ist hier das Bemühen zu erkennen, den Vorgang der Korruption als einmalige Kapitulation vor der Macht – im Dienste der Arbeiterbewegung – zu beschönigen. Ob dieser neckische Handgriff auf dem Mist des Originalautors Joe Eszterhas gewachsen ist oder im nachhinein von Stallone »maßgeschneidert« korrigiert wurde, war nicht mehr zu recherchieren. Fest steht, daß Stallone das Halbseidene für sich so wenig in Anspruch nimmt wie Nosferatu das Tageslicht. Als hätte er panische Angst davor, daß jeder ihn für einen Mistkerl hält, wenn seine Figur ein paar negative Züge trägt. Mit dieser Haltung hätte Michael Douglas die Rolle des gerissenen Börsenhais Gordon Gekko in *Wall Street* glatt ausgeschlagen und den Oscar nicht gewonnen.

Stallone hat das »aristokratische Spießrutenlaufen«, das Hollywood und seine Presse gegen ihn veranstaltet haben, nicht begriffen. Sie lehnen ihn ab, weil alles, was über ein ordinäres Schwarzweiß-Denken hinaus geht, zuviel verlangt scheint. Die Aristokraten schmücken sich nicht gerne mit einem Primitivling. Egal wieviel Geld er hat. Schon gar nicht die Aristokraten in Hollywood. – Ein Blödmann ist dort kein Aushängeschild, eher eine Blamage. Mit nur ein bißchen »Method Acting« hätte ein Mann, der so außergewöhnlich begabt ist wie Stallone, als tiefgründiger und gespaltener Johnny Kovak brilliert. Aber die Lehren des »Method Acting« stehen im Widerspruch zur Lebens- und Kunstanschauung Stallones der im Geist des alten Amerika denkt und fühlt. *Easy Rider,* der 1969 gedrehte Road-Movie – eine Hymne auf die Großartigkeit der amerikanischen Landschaft – über Gewalt und Rassismus, der Film, der die Suche der amerikanischen Jugend nach einer neuen Identität thematisiert und die Voraussetzungen für die Erneuerung des amerikanischen Kinos durch Scorsese, Bogdanovich, Coppola und andere schuf, war für Stallone ein besonderes Schlüsselerlebnis. »Schlechter als die kann ich auch nicht sein«, entschied er sich und begann zu schreiben. Stallone will nichts wissen von Innovationen und dem modernen Zeugs. Amerika ist die Nummer eins, und jeder hat sich danach zu richten. Wer das in Zweifel zieht, ist subversiv. Basta! Fragen werden nicht gestellt. Höchstens wie man es bewerkstelligt, daß die USA wieder die unumschränkte Nummer eins werden. Seine Linie ist klar: Der kommerzielle Erfolg bringt dich an die Spitze. Dem hat sich alles zu fügen. Nicht nur er selbst, sondern auch das alte Amerika sind Opfer dieser Einschätzung. Trotz seiner gigantischen kommerziellen Erfolge nimmt man Stallone nicht für voll. Und zumindest die amerikanische Automobilindustrie gesteht sich ein, wie das Magazin *Businessweek* zu berichten wußte, daß man sich an Inhalten orientieren muß, will man nicht den Anschluß verlieren – an der Qualität der europäischen, der deutschen Konkurrenz. Denn: die Zukunft gehört eindeutig der Qualität, nicht der Quantität. Aber solange Stallone mit seiner Schundware die Kinos we-

Ein Film, der die Jugend der Welt bewegte, war für Stallone nur dilettantisches Gemurkse. (›Easy Rider‹: drei Protagonisten eines anderen Amerika: Peter Fonda; auf seinem Rücksitz Jack Nicholson, dahinter Dennis Hopper.)

nigstens halbwegs füllen kann, wird er bestimmt nicht über mehr Qualität nachdenken.
Die Entstehungsgeschichte von *F.I.S.T.* ist ein Film für sich; die daraus entstehenden Urheberstreitigkeiten zwischen Stallone und Eszterhas sind ein untrügliches Indiz für Stallones verlorenen Kopf und seinen Bestätigungshunger (»Ich wurde neidisch und gierte nach dem Erfolg anderer.«) zu jener Zeit. Vier Jahre bevor die Dreharbeiten zu *F.I.S.T.* tatsächlich begonnen werden konnten, war die Idee, einen Film über die

Arbeiterbewegung in den USA zu machen, schon in den Köpfen der United-Artists-Produzenten Gene Corman, Mike Medavoy und Marcia Nasatir. Es sollte ein Film werden über Aufstieg und Fall eines Gewerkschaftsführers – die alte Geschichte darüber, wie Macht korrumpiert und wie absolute Macht absolut korrumpiert, erklärte Corman.

Marcia Nasatir las im ROLLING STONE, dem bedeutendsten Rock'n'Roll-Magazin der Welt (übrigens fand der Autor dort die relevantesten Beiträge, die je über Stallone gemacht wurden), eine Geschichte über den Sensationsdarsteller Evil Knievel. Sie war derart gefesselt, daß sie die Story nicht mehr aus der Hand legen wollte und diese ihr nach einigen Monaten bei der Suche nach einem Drehbuchautor wieder einfiel. Obwohl eine dokumentarische Reportage, war sie davon überzeugt, daß der Autor Joe Eszterhas der Richtige für ihren Film sein würde. Im Mai '75 kam der Drehbuch-Deal zustande: Eszterhas bekam 30000 Dollar für einen ersten Entwurf; weitere 30000 für den zweiten und 28000 bei Drehbeginn; zusätzlich noch 2,5 Prozent von der Gewinnausschüttung. Für einen Neuling im Geschäft, der vorher noch nie ein Drehbuch geschrieben hatte, war das ein großzügiges Angebot. Eszterhas kam aus Ungarn, wurde dort in dem unaussprechlichen Csakanydoroszlo geboren, verbrachte die ersten acht Jahre in Flüchtlingslagern in Österreich und der BRD, den Rest seiner Kindheit in den Slums von Cleveland. Seine Biographie erinnert stark an die Rockys oder Stallones: Ein armer Junge bekommt seine Chance auf den Big Shot.

Eszterhas recherchierte vier Monate lang, reiste im Land herum, interviewte alte Trucker und Gewerkschaftsmitglieder. Er legte United Artists ein 60seitiges Manuskript vor, welches das Studio überzeugte. Die Suche nach dem Regisseur begann. Sie verhandelten mit Bob Rafelson *(Five Easy Pieces, The Postman Always Rings Twice)* und Karel Reisz *(Dog Soldiers, the French Lieutenant's Woman)*. Beide stellten sich als offensichtlich ungeeignet heraus. Im Januar 1976 übernahm Norman Jewison *(Rollerball, Moonstruck)* die künstlerische Verantwortung für *F.I.S.T.* Im Juni beendete

Eszterhas die erste Fassung des Drehbuchs – ein 380 Seiten dickes Skript. Großartig in seiner dramatischen Konstruktion, aber viel zu lang – ein Sechs-Stunden-Film. Eszterhas und Jewison arbeiteten gemeinsam an den Kürzungen. Ein schmerzhafter Prozeß für einen Autor, der mit seinem Stoff verschmolzen ist. Ein noch schmerzhafterer für den ungarischen Debütanten, der diese Erfahrung zum ersten Mal in seinem Leben machen mußte. Figuren wurden gestrichen, Szenen, die Eszterhas liebte, eliminiert. Im Oktober hatte er dann eine zweite Fassung fertiggestellt – 240 Seiten lang. Immer noch too much. Er und Jewison kürzten und komprimierten, bis sie das Ergebnis Medavoy präsentierten. Der war begeistert – so Eszterhas. »Zu diesem Zeitpunkt dachte ich, meine Arbeit wäre getan.«
Jetzt mußte besetzt und das Budget kalkuliert werden. Jewison rechnete 12,5 Millionen Dollar aus. Das Studio beabsichtigte, »nur« acht Millionen für diese Produktion auszugeben. Jewison konzipierte neu und brachte das Budget auf neun Millionen herunter. Zuviel für UA. »Norman war verknallt in mein Buch und entschied, es woanders zu versuchen«, erzählt Eszterhas. Jewison hatte stets eine glückliche Hand bei der Finanzierung seiner Filme bewiesen. Er schlug das Projekt Warner Bros. vor. Zuerst sagten sie zu, dann sagten sie wieder ab. Ähnlich war es bei Universal und der Fox. Jewison gab nicht auf, flog in die BRD. »Aber die Deutschen haben die Story einfach nicht verstanden.« Keiner wollte den Film finanzieren. Jewison war frustriert: »Ich hatte einen heißen Film, plus Sylvester Stallone. Ich hatte Sly besetzt, schon bevor *Rocky* herauskam. Ich wollte gar keinen anderen haben. Ich wußte, er ist die beste Wahl. Die meisten Schauspieler in den letzten Jahren sind so introvertiert gewesen. Johnny Kovak ist ein leidenschaftlicher Mensch. Genauso wie Sly. Und ich wußte, daß *Rocky* ein Hit wird.«
Eszterhas widerspricht: »Wir hatten Jack Nicholson und Al Pacino angesprochen, aber die winkten nur ab. Dann brachte Marcia Nasatir den Namen Stallone. *Rocky* lief gerade an und war ein Hit. Stallone ist in der Tat Marcias Idee gewesen.«

»Ich schickte das Skript zu Stallone«, sagt Jewison. »Am nächsten Tag rief er mich an und meinte, dies sei eines der besten Bücher, die er je gelesen hätte. Er wollte die Rolle haben.« Stallone: »Es war ein nettes Skript. Ein bißchen übertrieben. Es wurde ja auch beinahe von jedem Studio, in den USA und im Ausland, an das nächste weitergereicht. Ich sagte, ich würde die Rolle spielen, wenn ich sie für mich maßschneidern könnte.«
In der Zwischenzeit war Eszterhas in Europa, um ein neues Drehbuch für ein anderes Projekt zu schreiben. »Norman versprach, mich sofort einfliegen zu lassen, sollten irgendwelche Probleme auftauchen oder Änderungen anfallen.« Jewison entschied, das Skript ohne den Autor mit Stallone umzuschreiben. Stallone: »Joes Skript war über 250 Seiten lang. Ich schrieb um und kürzte. Ich stand unter Normans Aufsicht. Er wollte, daß ich ihm gegenüber sitze, am gleichen Tisch. Das ist verdammt hart. So als würde dir ständig einer auf die Finger sehen. Schließlich schaffte ich es, den Stoff auf 146 Seiten zusammenzukürzen.« Dadurch schmolz das Budget auf acht Millionen Dollar, und United Artists war wieder im Rennen.
Als Eszterhas aus Europa zurückkam, fiel ihm das neue *Variety* indie Hände. Er liest in Army Archads Klatschkolumne, daß Stallone zwei Oscar-Nominierungen im Sinn hat für *F.I.S.T.:* eine für die Hauptrolle, die andere für das Schreiben des Drehbuchs. Eszterhas rief sofort bei Jewison an, der allerdings von nichts eine Ahnung haben wollte. Eszterhas suchte Rat bei seinem Agenten in L. A., Bob Bookman, der sich mit Archad in Verbindung setzte und klarstellte: Joe Eszterhas ist der Autor und Schöpfer von *F.I.S.T.* Archad verfaßte einen Widerruf. Während dieser Zeit hatte Eszterhas Kontakt zu Jewison und schickte diesem sogar neue Szenen und Änderungen. Doch Eszterhas hatte ein flaues Gefühl im Magen. Ein Gespräch mit Jewisons Assistent Patrick Palmer verdarb dem schwergewichtigen Eszterhas vollends den Appetit. – Arbeitet Stallone am Buch? Ja, sagte Palmer, mit Jewison. – Besteht Stallone auf der Titelnennung? Ja, sagte Palmer.
Eszterhas fühlte sich betrogen. Er telefonierte mit seinem

Agenten und seinem Anwalt. Dieser Disput würde eine höchstrichterliche Entscheidung nach sich ziehen. Eszterhas beklagte sich bei der Writers' Guild (dem Autorenverband), daß Stallone ihm ein Skript klauen möchte, an dem er Jahre gearbeitet hatte.
Stallone: »Ich muß doch niemanden mehr beeindrucken. Ich besitze mein eigenes Geld, habe meinen Status. Ich schrieb fünf Monate ins Blaue hinein. Dafür habe ich keinen müden Cent erhalten. Die schleppten ein Drehbuch an, das war so dick wie ein Telefonbuch, und ich arbeitete und arbeitete und arbeitete. Ich versuchte, Drive reinzubringen. Es brauchte Geschwindigkeit und Tempo. Es war zu lang. Es war ein Sieben-Stunden-Film.« Und der Superstar weiter: »Es ist wirklich schade, daß ich Eszterhas niemals treffen konnte. Ich war überzeugt, wenn er sich nur überwunden und wir uns ausgetauscht hätten, er hätte sehr viel mehr an der Drehbucharbeit beteiligt werden können. Es ist äußerst unglücklich, daß er sich sogar geweigert hat, mit mir zu reden. Er schrieb einige verleumderische Dinge über mich, und ich war drauf und dran, ihn anzurufen; aber dann fand ich, daß nur ein sinnloses Streitgespräch dabei herauskommen würde.«
Schon einmal war Eszterhas in eine unwürdige Angelegenheit verwickelt. 1971 wurde er beim *Plain Dealer* in Cleveland gefeuert, weil er einen negativen Artikel über die Zeitung und ihren Herausgeber, Tom Vail, verfaßt hatte. Eszterhas wurde damals vorgeworfen, er würde die Fakten verdrehen, und überhaupt sei er ein berufsmäßiger Stänkerer. Diesmal war seine Stänkerei mehr als berechtigt. In Hollywood ist es an der Tagesordnung, daß Drehbücher von verschiedenen Autoren, je nach Stand der Produktion, nachgebessert, umgeschrieben oder verändert werden. Nur in seltenen Ausnahmefällen werden diese Autoren dann im Titel genannt. Selbst wenn sie Monate für ein Projekt schuften. Der Urheber des Films bleibt der Originalautor, und diesem ist der Titel vorbehalten. In einem Artikel, der in Dubuque, Iowa (dem Ort der Originalaufnahmen), erschien, beklagte sich Eszterhas bitter über den üblen Versuch Stallones, »mein Skript zu stehlen und sich zweijährige Recherchen und Autorentätigkeiten

unter den Nagel zu reißen«. – »Stallone änderte einige Szenen, doch das Konzept ist nach wie vor meins.«
Dann wurde Eszterhas von Stallones Anwalt ein Angebot unterbreitet: Eszterhas erhält den Titel für die Story, den Drehbuchtitel teilen sich er und Stallone. Den Roman, den er gerade dabei war einem Verlag zu verkaufen, behält er allein. Doch an diesen Deal war eine Bedingung geknüpft. »Es ist einfach nicht zu fassen. Die Bedingung war, daß ich mich bei Stallone für die Dinge, die in der lokalen Presse von Dubuque veröffentlicht wurden, zu entschuldigen hatte. Ich sagte zu seinem Anwalt: Leck mich. Ich werde mich nicht entschuldigen. Dann meldete sich der Anwalt wieder und meinte, der Deal könne stattfinden, wenn ich den Herausgeber der lokalen Zeitung anriefe und erklärte, daß ich falsch zitiert worden sei. Ich bin aber nicht falsch zitiert worden. Dann hörten wir den Anwalt den Vorschlag machen, daß ich mir nur Gedanken über eine Entschuldigung zu machen bräuchte. Wir machten den Deal. Ich dachte über eine Entschuldigung nach, doch später lehnte ich sie ab.«
Stallone: »Ich wollte sein Skript nicht anrühren. Er hätte doch nur zu kommen brauchen. Er hatte überhaupt keinen Kontakt zu mir. Ich bin selbst Autor, da ist es nur natürlich, daß ich mir die Sachen auf den Leib schreibe ... Ich verstehe, wie Eszterhas sich fühlt. Es lag nur an ihm, mehr in das Projekt eingebunden zu werden und eine sinnvolle Erfahrung mitzunehmen, anstatt eine Horror-Show zu veranstalten. Er ist niemals am Set erschienen. Er hat nur viele Beleidigungen gegen mich in den Zeitungen formuliert, über die ich nur lachen konnte.«
»Warum hat Stallone sich nie bei mir gemeldet? Ich habe immer darauf gewartet, daß mich jemand einlädt, die Dreharbeiten zu besuchen. Jewison meinte, daß Stallone durchdrehen würde, wenn ich am Set erschiene. Ja wirklich, als ich bei einer Rohschnitt-Vorführung war, bedankte sich Norman ausdrücklich bei mir, daß ich nicht zum Drehort kam.«
Stallone: »Das ist eine Lüge. Ich habe mich bei Jewison erkundigt, weshalb sich Eszterhas nicht bei mir meldet, warum er nicht zum Drehort kommt. Und Norman sagte, daß Joe

nichts mit mir zu tun haben wolle. Das hat mich so sauer gemacht. Was wollte ich denn schon? Ich wollte, daß er sich den Titel mit mir teilt. Dieses Projekt wurde von jedem Studio im In- und Ausland abgelehnt. Dann habe ich es umgeschrieben, und es wurde realisiert. Ich behaupte nicht, daß ich alles umgeschrieben habe. Aber ich dachte, ich wäre berechtigt, einen Titel zu kriegen. Für den Roman wollte ich keinen. Ich wollte auch kein Geld für den Roman. Ich wollte keine Prozente für meine Autorenschaft. Ich sagte: ›Gebt dem Mann seinen Roman. Laßt ihm die Kohle. Es ist seine Story. Sie ist gut. Sie ist wunderbar. Der Titel *F.I.S.T.* allein ist seine Gage von 400 000 Dollar wert.‹ Alles, was ich wollte, war ein Teil des Drehbuchtitels ...«
Ein Verantwortlicher des Studios hat folgendes zu sagen: »Der ganze *F.I.S.T.*-Blödsinn ist entstanden, weil Sly jetzt glaubt, er hätte das ganze Ding erschaffen wie *Rocky*. Das ist ganz einfach nicht wahr. Slys großer Beitrag zu dem Projekt war, daß es ihm gelang, den Stoff auf Länge zu bringen. Dadurch hat sich das Budget auf acht Millionen reduziert, und deswegen konnte der Film gemacht werden. Er hat einige großartige Kürzungen vorgenommen, aber es ist zweifellos Joes Drehbuch.«
Apropos Ego! Während der Aufnahmen in Dubuque lernte ein Teammitglied die Schönheit der Stadt kennen und lud sie ein, den Set zu besuchen. Stallone war ganz schön scharf auf die Citybeauty und machte sie an: »Komm heute um acht in mein Zimmer.« Das baffe Mädchen war zur selben Zeit mit dem Teammitglied beim Abendessen, als Stallones Vater, Gast seines Sohnes, das Hotelrestaurant betrat, die beiden essen sah, zum Telefon ging und irgend jemanden anrief. Am nächsten Tag kam Stallone an den Set und verlangte, daß jener Mitarbeiter sofort vom Drehort entfernt werden müßte.
Stallone überwarf sich mit Jewison, weil der Regisseur sich für das Ende mit dem Mord an Johnny Kovak entschied. Stallone wollte nicht sterben. (Man kann Rocky nicht umbringen.) Er war gegen diese Variation und kündigte an, daß er am liebsten die Promotion für den Film unterlassen würde.

Joyce Ingalls – Stallones Gespielin aus ›Paradise Alley‹ und im wirklichen Leben.

Stallone: »Diese ganze Erfahrung war für mich unangenehm. Ich hatte persönliche Probleme. Darüber hinaus wurde ich sehr schlecht behandelt. Norman wohnte in einem 2500-Dollar-Haus auf dem Land. Ich war in einem 70-Dollar-Zimmer untergebracht, einer richtigen Rattenbude. Norman, der in der Nähe eines Country-Clubs wohnte, hörte die Vögel zwitschern. Ich hörte das Pfeifen der Signale. *F.I.S.T.* war alles andere als eine glückliche Zeit. Wenn wir noch ein oder zwei Tage länger gedreht hätten, wäre es zu einem bombastischen Krach gekommen. Ich hätte es keinen Tag länger ausgehalten. Nach Beginn der Dreharbeiten gab es keinen Austausch mehr über das Drehbuch. Ich hatte niemanden, mit dem ich sprechen konnte. Niemand war an meiner Meinung interessiert. Es fanden keine Proben statt. Wir sind nur am Set erschienen und haben das Ding runtergekurbelt. Ich konnte einfach nicht mehr abschalten. – Wenn ich Joe Eszterhas gewesen wäre und er Sly Stallone, der gerade für einen Oscar nominiert war, hätte ich mich etwas zurückgehalten ... Sollten da noch mehr als 40 Prozent seines Original-Dialogs im Film enthalten sein, würde ich mich doch sehr wundern. Mann, ich stieg in dieses Projekt für ein Drittel dessen ein, was ich hätte verlangen können, zu einem Drittel der Prozente. Die Unterbringung im Hotel war miserabel. Ich wurde zum Nullpreis gehandelt ...«

Stallone sitzt in einem Büro. Die Wände sind tapeziert mit Posters aus seinem *Rocky*-Film. Meistens Szenen vom Kampf Rocky gegen Apollo Creed. Der Star erhebt sich und geht in den hinteren Raum, auf einen Sandsack zu. »Eszterhas glaubt, er könnte gegen mich 15 Runden im Ring bestehen. Ich zeige euch, was ich mit ihm mache.« – Stallone drischt auf den Sandsack ein – Bumm – Bumm – Bumm! »Er braucht nur Zeit und Ort zu nennen. Keine drei Runden würde er überstehen.« – Eszterhas: »Ich könnte zehn oder 15 Runden gegen ihn gehen und würde gewinnen. Ich war in so vielen Schlägereien der Bessere.«

Zum Ende: *F.I.S.T.* wurde eine kommerzielle Katastrophe. Stallone machte Jewison dafür verantwortlich. Der Regisseur hätte stets das falsche Material für die Montage ausgewählt. Jede Szene wurde in jeweils drei verschiedenen Temperamenten gedreht. – Jewison benutzte ausschließlich die unpassende Variante. Der Film lahmte. Soweit hierzu Stallones Analyse.

F.I.S.T. hatte beste Voraussetzungen, auf allen Ebenen zu reüssieren: ein origineller Stoff; eine packende Story in der Hand eines versierten, populären Regisseurs; interessante Figuren, erstklassig besetzt; ein frischer, unverbrauchter Star, dem man fast alles verziehen hätte, außer seiner Profilneurose, die aus Johnny Kovak einen *rockygen* Gewerkschaftsschwülstling machte, der die Tiefe seiner gebrochenen Seele mit der Oberflächlichkeit eines erfolgssüchtigen Egos ausbeutet. – Erfolg hatte er mit seinen Fäusten, mit diesen korrigierte er auch seine Rolle ...

Paradise Alley – »Vorhof zum Paradies«

Limelight-Charlie Chaplin war dort. *Citizen Kane*—Orson Welles fand seine Spuren. *Reds*-Warren Beatty kam hinterher. In der heiligen Dreifaltigkeit Autor, Regisseur, Hauptdarsteller – vor und hinter der Kamera. (Jack Nicholson, lange vor seiner Zeit als Superstar, Autor und Regisseur, zumeist von Anti-Western, versuchte mit der Westernkomödie *Galgen-Strick* etwas ähnliches.) *Ordinary People*-Robert Redford vergaß für seine subtile Studie über die amerikanische Mittelstandsfamilie den Superstar völlig – konzentrierte sich einzig auf die Regie. *Stadtneurotiker*-Woody Allen setzte ohnehin neue Maßstäbe. Sylvester Stallone, im ersten Anlauf der Größe Chaplins und Welles' auf den Pelz gerückt – nur sie waren vor ihm gleichzeitig für Drehbuch und Hauptrolle oscarnominiert –, trat in ihre Fußstapfen, hin zum Paradies – zum »Filmmaker's Heaven«, wie Scorsese es ausdrückt. Stal-

Der verkannte neue Brando – und die Andeutung eines zornigen jungen Mannes. (Stallone und sein lichtester Moment in ›Lords of Flatbush‹.)

lone tat dies, obwohl *F.I.S.T.* klarstellte, daß man ihn als den nächsten Brando verkannte. Von einem »neuen Peter O'Toole«, so seine eigene Klassifizierung, konnte beim besten Willen keine Rede sein. Der schmächtige, hypersensible und homophile Lawrence von Arabien hat – wenn überhaupt – allenfalls den Gerechtigkeitssinn mit Rocky gemein, wobei dieser von Stallone nicht reflektiert wird. Eigentlich ist ein Vergleich der beiden Personen so unanständig wie der zwischen einem Strauß Blumen und warmem Leberkäs. Daß Stallone dies selbst nicht bemerkte, spricht nur dafür, daß er seine Stärken und Schwächen nicht richtig einschätzen konnte und im Vorhof zum Paradies umkehren mußte. Bis vor kurzem noch war er nicht davon abzubringen, den dürren Hungerdichter Edgar Allan Poe in einem Film zu verkörpern. Freilich ein Peter O'Toole – eitel, stark, aber durchlässig – könnte schon der ideale Poe sein. Stallone ist niemals verletzlich. Er steckt alles weg. Ihm kann keiner was. Geht er in sich, wird er sentimental wie Rocky oder hilflos wie Rambo. »Ich weiß, daß ich noch nicht so tief eingedrungen bin wie ich könnte«, begründete er sein Unterfangen, sich als Poe, als intellektuellen Underdog zu besetzen. Stallone kämpft schon lange darum, daß man ihm als denkendes Wesen akzeptiert. Seine größte Leidenschaft gehört dem Schreiben. Da Schreiben eine intellektuelle Tätigkeit ist, muß ein Autor zwangsläufig ein Intellektueller sein. 1985 erklärte er, wo ihn die Öffentlichkeit am meisten mißversteht: »Ich glaube, daß die Leute mich als Steinzeitmenschen betrachten, der sich im Morast suhlt, mit einer Keule in der Hand schmatzend seinen Weg geht. Ich gehe davon aus, daß die Leute nicht begreifen, daß mein Leben mehr geistig als physisch ist. Ich stehe da, wo ich heute bin, weil sich mein mentales Konzept erfüllt hat. Es gibt Typen, die mehr Muskeln besitzen, als ich jemals haben werde. Doch mein Leben ist das gleichzeitige Bemühen, beides in Einklang zu bringen.« – Als wollte er sagen: »Ich bin ein Intellektueller, das sieht man schon an meinen Muskeln.« Wahrscheinlich werden die Menschen erst dann Stallone die Intellektualität abnehmen, wenn Woody Allen mit dem Fitneßtraining begonnen hat und als

Woody Allen hat seine Muskeln im Kopf. Er ist selig als Zelig.

neuer Box-Champion die Leinwand sprengt. Bis dahin muß sich Stallone damit zufriedengeben, daß er seine Muskeln für sein Hirn sprechen läßt und es darin zu wahrer Meisterschaft bringt. Stallone: »Rambo ist mein gelungenstes Experiment, den Dialog zu eliminieren ... Für mich ist das beste Drehbuch aller Zeiten dasjenige, welches nur aus einem einzigen Wort besteht.« – In *Rambo III* ist er diesem Ziel verdammt nahe gekommen. Dort besteht seine Rolle aus 163 Wörtern. Insofern erfüllt sich Stallones Lebenskonzept, Kopf und Körper unter einen Hut zu kriegen. Das geht nur, wenn man den

Bauch wegläßt und der starke Mann sein will. Stallone ist unter den Bodybuildern sicher ein Intellektueller – vergleicht man ihn z. B. mit Arnold Schwarzenegger, der mit der Tatsache, daß man ihn nicht für einen Intellektuellen hält, ebenso wenig Probleme hat wie Woody Allen, weil man ihn nicht für einen Bodybuilder hält, obgleich Bodybuilding keinem Intellektuellen schaden würde. Und es ist gar kein abwegiger Gedanke, daß der Starschauspieler der nahen Zukunft ein ganzheitlicher Held sein könnte – gut in seinem Körper, reflektiert in seinem Kopf und gebrochen in seiner Seele. Ein sensibler Macho mit Visionen für eine »neue Welt« – der mutige Protagonist, der zur Durchsetzung seiner Ideen keine Muskeln mehr benötigt; gleichwohl den Körper als mentales Betätigungsfeld benutzt in Form von Erotik und Narzißmus. Er liebt seinen Körper genauso wie seinen Geist und seine

Der Intellektuelle unter den Bodybuildern.

Sean Penn mit seiner Madonna.

Seele. Er hat die Leidenschaft von Brando, die Sensibilität von James Dean, und er tanzt wie ein Gott. Die jüngste Garde der Schauspielerstars hat durchweg eine starke sinnliche Ausstrahlung, die von ihrer physischen Präsenz getragen wird – Richard Gere, Tom Cruise, Sean Penn und Mickey Rourke – oder sie wirken weich und sensibel, introvertiert und nachdenklich wie Timothy Hutton oder William Hurt. Letzterer versuchte auch schon als hereingelegter, von sexueller Leidenschaft besessener Hi-Man in Lawrence Kasdans *Body-Heat* sein möglichstes. Patrick Swayze brachte es fertig, einen gar harmlos mittelmäßigen »unanständigen Tanz«

weltberühmt zu machen, und Michael J. Fox hat noch nicht wieder das gefunden, was die Menschen an ihm finden. Daneben lauert noch Kevin Costner, das gefundene Fressen für alle jene, die auf den Nachfolger von Monty Clift warten. Der *Blade-Runner* Harrsion Ford hat sich, seit er das Han-Solo-Image aus *Starwars* los ist, in die Abgeschiedenheit der Rocky Mountains zurückgezogen, wo sich der *Indiana Jones* ungestört auf die Verschrobenheit des Charakterfachs vorbereiten kann. Seine Ausflüge an die *Mosquito Coast* oder zu den Amish People in *Witness* haben gezeigt, daß er als großartiger Eigenbrödler unschlagbar ist. Die alte Garde der Stars des neuen Hollywood – Dustin Hoffmann Robert De Niro, Al Pacino – mischen auch noch kräftig mit, wenngleich sie nicht mehr so dominieren können. Robert Redford wird nach wie

Patrick Swayze – links außen – als Außenseiter in Coppolas ›Outsiders‹.

vor als der schönste unter den erstklassigen Schauspielern gehandelt – er hat eine zweite Karriere als Regisseur und Produzent begonnen. Sein Sundance ist eine experimentelle Einrichtung für den Filmnachwuchs. Jack Nicholson hat sein Image als kiffender Rock'n'Roll-Freak aus *Easy Rider* über jeden Zweifel kultiviert und vor keiner Kritik geschützt. Er hat ihn immer gelebt den Rock'n'Roll: ob als Gittes in *Chinatown* oder als dickbäuchiger Ex-Astronaut in *Zeit der Zärtlichkeit*. Seine Schauspielkunst gehört zum Vollkommensten, was man im Kino erleben kann. Michael Douglas' Zukunft ist

Ein Amerikaner in Paris. Harrison Ford in Roman Polanskis ›Frantic‹.

Wäre am liebsten Rock'n'Roll-Star geworden. Hier ist Jack Nicholson der Hexenmeister von Eastwick.

ungewiß. Erst relativ spät zum Superstar aufgestiegen, mit einer Rolle, die sein Softie-Image konstruktiv in Frage stellte, widmet er sich primär neuen Projekten, die seinen Produzentenehrgeiz herausfordern. Willem Dafoe und Tom Berenger bereiten ihren Durchbruch noch vor. Für Gene Hackman wäre die Zeit wieder reif. Mit der *Farbe des Geldes* hat Paul Newman, einer der ganz Großen aus der Gründerzeit des Actors' Studio, vor zwei Jahren »oscarmäßig« zugeschlagen. Und Sylvester Stallone? – Sylvester Stallone ist der Teuerste von allen. Für *Rambo III* hat er die exorbitante Summe von 20 Millionen Dollar erhalten. Natürlich hat er diese Zahl noch nicht bestätigt. Aber dementiert ist sie auch nicht worden. So gut wie sicher ist, daß er für *Over the Top* die magische Zehn-Millionen-Dollar-Grenze überschritt. Zwölf Millionen sollen es da gewesen sein. Nicholsons Marktwert

Schach mit dem Körper.

wird mit zwei Millionen angegeben. Dustin Hoffman soll für *Tootsie* das Doppelte bekommen haben. Bescheidene Gagen im Vergleich zu Stallone, der zweifelsfrei und unabhängig von seinem Intelligenzquotienten als Muskelprotz immer einen schwereren Stand hätte als weniger physisch Exponierte, die man mit dem Vorurteil »viel Muskeln – wenig Hirn« kaum beleidigen kann. Was jene, für die Muskeln ein abschreckendes Beispiel von Männlichkeit darstellen, mit Überzeugung verbreiten. Die Geringschätzung des Bodybuilding rührt unter anderem daher, daß sich viele nicht vorstellen können, daß das Körpertraining – wie es Stallone praktiziert – den gleichen Aufwand an mentaler Energie fordert wie das Analysieren hochkomplizierter Gedanken. Diese Selbstüberwindung ist ganz enorm. Die physische Schmerzgrenze wird durchbrochen. Vielleicht kann man es so ausdrücken: konsequentes Bodybuilding ist Schach mit dem Körper auf allerhöchster Stufe. Die asiatischen Kulturen haben der Beherschung des Körpers eine sehr große Bedeutung eingeräumt. Weniger zum Zweck der erhöhten Schlagkraft denn als unsichtbare Schutzhülle – das Bewußtsein erfaßt auch den Körper, bis in jede Sehne, Faser und Pore, so daß sich die mentale Kraft in einer souveränen Aura manifestiert. Als Meister wurden jene betrachtet, die aufgrund der Einheit von Körper, Seele und

»In Rambo sind die Fähigkeiten von tausend Männern in mir vereint ... Rambo ist viel größer als das Leben.« (Herkules als gläubiger Amerikaner im »Reich des Bösen«.)

Geist für einen Gegner unangreifbar geworden waren, wenn ein Gegner die Grenzen des Meisters nicht mehr verletzen konnte – auch wenn dies seine Absicht ist. Stallone schindet seinen Körper, um auf der Leinwand so unbesiegbar zu sein wie Herkules – der Kinoheld seiner Kindheit. In *Rambo III* hat es ihn kurzzeitig nach Thailand in ein buddhistisches Kloster verschlagen. Wäre er doch nur dort geblieben. Stallone hätte uns erzählen können, wie Rambo seinen inneren Frieden findet; wie er seine Demütigungen und seine Feindbilder überwindet: Der Buddhismus beruht auf der Grundwahrheit, daß alles Menschenleben Leiden ist, das selber wieder aus dem Begehren nach Lust, Macht und Leben entsteht. Da das individuelle Dasein wesenloser Schein ist, beruht die Überwindung des Leids im Erkennen dieses Scheins, das die Qual der Wiedergeburten beenden kann. Im Eingang in das Bewußtsein und Begehren auslöschende Nirwana – die überindividuelle Gesamtwirklichkeit – liegt die Vollendung. Ob das das Nichts ist oder leidlose Seligkeit, das wird verschieden interpretiert. Doch das Nirwana ist für die Buddhisten das höchste Ziel des Menschen. Rambo muß mit dieser Weltanschauung in Berührung gekommen sein. Aber er hat nichts davon begriffen. Der Autor Stallone hat hier wieder einmal eine interessante Idee seiner Blindheit geopfert – dem Geist der alten Welt, die nach dem Prinzip der Stärke funktioniert. Anstatt Zen-Buddhist zu werden, vertreibt er die Russen aus Afghanistan, die schon gar nicht mehr da sind. Anstatt sich endlich seinem Problem zu stellen, verfrachtet Stallone seinen Protagonisten in eine hirnrissige Sprachlosigkeit. Die Aufgabe, Rambo mit 163 Wörtern auf den Pfad der Erlösung zu führen, hätte den Autor Stallone vor eine wichtige Aufgabe gestellt. Und dieser Film bräuchte nicht weniger spektakulär zu sein wie *I* und *II*. Stallones Aufwand versorgte jedoch wieder seine Muskeln – Rambos Body ist perfekter denn je. Deshalb ist er für die Mindbuilder, die Intellektuellen und alle, die sich dafür halten, nur ein Mensch mit geringem Verstand. Stallone bestätigt mithin das Bild vom »schöpferischen Blödian«. Seinen erschreckenden, rechtsradikalen *City Cobra* (1986) rühmt er sich in »16 Stunden« geschrieben

zu haben. – Im Krieg gegen eine nicht näher erläuterte grausame Sekte, die aus nicht näher erläuterten Gründen nicht näher erläuterte Frauen ermordet, bleibt Stallone alias Mario Cobretti (von seinen Kollegen wird er »Zombie-Cop« genannt) den geistesgestörten Verbrechern in punkto Grausamkeit aber auch nichts schuldig. Ein Szenarium, man verzeihe die Vokabel, wie eine »Scheißhausparole« – und ebendort könnte das Drehbuch auch entstanden sein. Keinesfalls ist *City Cobra* ein Produkt, auf das ein Autor stolz sein sollte – schon gar nicht, wenn er sich als denkender Mensch versteht, der angeblich ein Buch liest *(Gödel, Escher, Bach),* das sich – Stallone: »mit der Korrelation von Bachs Musik, Gödels Mathematik und Eschers Malerei befaßt«, und der sich Anatol Frances *Aufstand der Engel* vorknöpfen wollte. Ist er ein Zyniker? – Nein – Stallone ist Überzeugungstäter – seine Motivation, dieses Law-and-Horror-Stück in die Welt zu setzen; »Der Nightstalker-Fall in Kalifornien brachte Erinnerungen zurück an Manson, Starkweather, die Freeway Killer, die Hillside Stranglers, bis zu Caryl Chessman. Mehr als irgendein anderer Fleck auf dieser Welt vermehrt Kalifornien geradezu diese Maniacs. Dafür muß es doch einen Grund geben.« – Richtig, Mr. Cobretti! Aber Sie interessieren sich nicht dafür. Man erfährt als Zuschauer gerade noch, daß die Maniacs auf den Motorrädern die Welt irgendwie von irgendwas erretten wollen; daß sie das Jüngste Gericht veranstalten. Warum? – Weshalb? – Keine Ahnung. Ach ja – sie ermorden Frauen. – Warum? – Weshalb? – »Nix wiss«.
Die klarste Struktur verpaßt der Autor seinem Protagonisten Cobretti: »In *Cobra* ist der Held ein Psycho-Jäger. Er ist so rechtsextrem, daß die Gerechtigkeit für ihn zum Wahn geworden ist, so daß er sagt: ›Das Verbrechen ist eine Krankheit, und ich bin seine Medizin.‹« – Fast möchte man hinzufügen: nur weil Cobretti in seiner Psyche genauso vergiftet ist wie ein Maniac. Verbrechen eine Krankheit? – Da liegt der Hase im Pfeffer. Wir befinden uns noch nicht in dem Stadium, daß das Verbrechen als Krankheit ausgebrochen ist. Das Verbrechen ist zwar ein schleichendes Virus, das auf allen sozialen Ebenen den Organismus der Gesellschaft schwächt; jedoch

Der »Psycho-Jäger« in ›City Cobra‹.

seine Funktionen nicht unter seine Kontrolle gebracht hat. Das Verbrechen ist das Syndrom einer Krankheit, aber nicht die Krankheit selbst. Das Syndrom der Krankheit Mensch oder der Krankheit im Menschen – das Böse in jedem. Eine völlig durchkriminalisierte Gesellschaft existiert nur in der Unterwelt. Die jüngste Geschichte der USA dokumentiert auf beunruhigende Weise, wie sehr das Virus Verbrechen fortgeschritten ist und nach der Welt greift – die Morde an John F. Kennedy und seinem Bruder, dem damaligen Justizimini-

ster Robert. Stallone differenziert weder den Begriff »Verbrechen« noch differenziert er »Verbrecher«. Für ihn ist das kranke Hirn eines Wahnsinnigen das gleiche wie die psychische Fehlleistung eines sozial Verwahrlosten.
Mit *City Cobra* formuliert er seine Ängste vor dem Phänomen »Verbrecher«: »Schauen Sie sich die Arbeit von Richter Rose Bird an, der nicht weniger als 32 oder 33 überführte Mörder einsperrte – die Hälfte von ihnen befindet sich wieder auf freiem Fuß. Nun stellt sich die Frage, ob man diese Leute wieder zurück ins Gefängnis bringen soll oder ob man vielleicht etwas radikaler mit ihnen verfahren sollte? Wir müssen uns mit der dunklen Seite unseres Daseins beschäftigen.« – Offensichtlich kommt Stallone zu dem Ergebnis, daß sich die dunkle Seite gesellschaftlich in den Maniacs materialisiert und daß nur ein Vollstrecker wie Cobretti her muß, dann ist die Gesellschaft geheilt. Auch wenn es so einfach nicht ist, folgen wir dieser primitiven Schlußfolgerung. In unserem Lande hörte man die älteren Menschen gerne sagen, inzwischen tun es auch einige jüngere – solche sterben so schnell nicht aus: »Früher, beim Hitler, konnte eine Frau nachts noch sicher über die Straße gehen.« – Das stimmt. Der Aufwand einer Gesellschaft, mit dieser Art von Verbrechen kurzen Prozeß zu machen, es schnell zu entfernen, freie und sichere Straßen zu schaffen, entspräche der Gewalttätigkeit des Hitler-Regimes – einer brutalen Diktatur. Bewußt vertritt Stallone einen solchen Standpunkt nicht. Er projektiert die Umsetzung dieser Art von Verbrechensbekämpfung in den privaten Bereich des Individuums (im Film überläßt er es Cobretti) und vertraut dem gerechten Empfinden des einzelnen: »Wenn sich nicht bald etwas ändert, wird sich die Gerechtigkeit unter Umständen selbst Recht verschaffen. Bald werden wir einen Zustand erreicht haben, wo das Gesetz aufhört und die Bürger anfangen zu agieren ... Die Intelligenzia sollte allmählich begreifen, daß die Gesellschaft heutzutage mehr von emotionaler denn von geistiger Energie lebt.« – Soll das bedeuten, daß die Amerikaner keinen Bock auf Nachdenken haben, sondern mehr auf Action stehen? – Ist das nicht der Vorwurf, den man den Amerikanern überhaupt macht? –

Stallone bestätigt das Vorurteil von der Kulturlosigkeit und ihren fatalen Auswirkungen auf den »American way of life«. – Herr, sei Amerika gnädig, wenn jeder aufrechte Amerikaner mit der Knarre in der Hand geistesgestörte Verbrecher bekämpft, in dem Glauben, der Gerechtigkeit damit zum Sieg über das Böse zu verhelfen – wenn sich aufrechte Bürger auf die Ebene von Maniacs begeben, selber zu Maniacs werden wie Cobretti: die Anarchie der Maniacs bricht aus. Jeder schießt jeden über den Haufen, den er für einen Maniac hält. Wer ist ein Maniac? – Warum ist einer ein Maniac? – Wann ist einer kein Maniac mehr? Es ist absurd, denn im ersten *Rambo* tritt eine ähnliche Situation ein. Da fühlen sich die aufrechten Bürger jener Kleinstadt gegen den Maniac Rambo berufen, der Gerechtigkeit zum Recht zu verhelfen.

Cobrettis Limousine ist so stählern wie ihr Chauffeur.

Warum haben sie nicht bei Cobretti in L. A. angerufen? Er hätte sicher gewußt, wie man diese Kampfmaschine auseinandernimmt. Was mag im Autor Stallone vorgehen – *City Cobra* propagiert mit Inbrunst eine Gerechtigkeit, die sich in *Rambo I* als großes Unrecht für den Helden erweist. Die aufrechten Bürger werden hier denunziert als Schlappschwänze, die ihre Männlichkeit (in der Übermacht) feige erproben – sie sind das Feindbild, für das Cobretti in *City Cobra* richtet, in dessen Sinne er einen Teil von sich selbst tötet. Als hätte er Schuld abzutragen. Weil der Geist, in dem er lebt, den Nährboden bereitet, auf dem der Maniac gedeihen kann? – Der Geist des starken, des mächtigen Amerika, der glaubt, daß – Stallone: »dieses Land unbedingt wieder die Muskeln zeigen mußte. Dieses Land ist wie ein Kind, daß sich zu schnell entwickelt hat und durch die Macht zu großzügig wurde.« – Also Amerika war eine kleine Intelligenzbestie, die, naiv wie ein Kind, es allen recht machen wollte. Diese Güte empfanden die anderen – wie üblich – als Schwäche, und Amerika verlor seine Achtung. – Und wie konnte das geschehen? In *Rambo II* wird er von den Street Corner Liberals böse hereingelegt, von den Weichknaben, die in der Administration sitzen, sich in die Hose scheißen und die Stärke Amerikas sabotieren. Im Dreier sind es die Russen. Obwohl, das hätte es gar nicht gebraucht. Sie waren schon weg, als er kam. Egal – nachdem er alle Feinde des »alten Geistes der Stärke« auf der Leinwand besiegt hatte, war der Weg frei für Präsident Reagan – Stallone: »Er ist ein Gottgesandter« –, als erster »Abrüstungspräsident« in die Weltgeschichte einzugehen. Stallone hat den »Glasnost-Kurs« seines Präsidenten noch nicht ganz verdaut: »Ich will mich nicht in Reagans Politik einmischen, weil es so aussieht, als ändere sie sich jeden Tag.« Zum Glück macht Noriega in Panama den Amerikanern einige Schwierigkeiten. – Stallone: »... doch heute würde ich Rambo nach Panama schicken. Ich würde Rambo gerne ein bißchen mit Noriega plaudern lassen.« Sollte Stallone Rambo im vierten Teil des Abenteuers tatsächlich in Panama eingreifen lassen, wird Präsident Reagan nicht mehr im Amt sein. Gegenwärtig prüft er bereits ein Filmangebot – der vielleicht beste Produzent der Welt, David Puttnam (*Chariots of Fire, The Mission, Killing Fields* u. a.), möchte die Geschichte des Attentats auf Reagan mit ihm selbst in der Rolle des Präsidenten verfilmen lassen. Rambo und Rocky haben durchaus ernst zu nehmende Gegner und Feinde. Aber Cobretti hat es in *City Cobra* nur mit Verrückten zu tun. Der Film lebt von der primitiven Vorstellung von Verbrechen. Und dazu zeigt er ein Verbrechen, welches nicht typisch ist. In der Regel haben kriminelle Aktionen einen Sinn: Der Bankräuber will das Geld; die Mafia will einen gefährlichen Konkurrenten aus dem Weg schaffen etc. In *City Cobra* beziehen sich die kriminellen Individuen auf eine vage religiöse Idee – die natürlich nicht näher untersucht wird. Der pathologische Irrationalismus ist das, was Cobretti für eine Krankheit hält – er ist der Medizinmann, der Exorzist. Ein einzelner, der die ganze Verantwortung übernimmt für die Schuldaustreibung der Nation. Wobei er inhaltlich im Widerspruch steht zum Gedanken der Selbstjustiz, die von vielen praktiziert werden soll. Indem er die alleinige Schuld auf sich nimmt und stellvertretend für alle anderen zur Tat schreitet, erlöst er jene, die im Kino sitzen und vielleicht selber gerne zu Tat schreiten wollen, und hält sie davon ab, dieses zu tun. Was die These bestätigt, daß Action-Filme im Grunde das Aggressionspotential absorbieren. Eine äußerst umstrittene Behauptung, die davon ausgeht, daß gewalttätige Filme das auf die Gesellschaft verteilte Aggressionspotential widerspiegeln, aber nicht implizieren und nur minimal forcieren – sonst würden ja alle Cobretti-Fans zur Selbstjustiz schreiten. Die erlösende Komponente, die über die Identifikationsfigur (Cobretti in diesem Fall) funktioniert, erzeuge – so diese Theorie – einen beträchtlichen Abbau an Aggressionen, denn der Leinwandheld hat schon das getan, wonach mir war. Er hat durch sein Tun meine Gelüste nach Rache und Vergeltung befriedigt. Die Kinofiktion sublimiert niedere Gefühle – sie transzendiert wertvolles Gedankengut. Im Dritten Reich war das umgekehrt. In der Periode brutalster Diktatur – Kriegshetze, KZs und Judenvergasung – schwelgte die Produktion der UFA in der Romantik unverbindlicher Gesellschaftsfilme. *Jud Süß* von Veit Harlan

Der erlösende Einzelkämpfer mit der Dame seines Herzens. (Brigitte Nielsen hat sich in einen Maniac verliebt.)

war einer der ganz wenigen Filme mit astreiner Nazi-Ideologie. In der Wirklichkeit etablierte Hitler die Vision vom »Tausendjährigen Reich« mit der Inszenierung des Völkermordes an den Juden und der Vorbereitung des Zweiten Weltkrieges. Die Kultur des Feindbildes erschien in zivilisatorischem Glanz. Mit der Parole »totaler Krieg – kürzester Krieg« erlebte das auf völlige Vernichtung der Andersartigkeit fixierte Konzept des Hitler-Regimes einen folgerichtigen Höhepunkt, der in seiner Radikalität nicht menschenverachtender sein kann. Keiner betrieb das Prinzip der Stärke so konsequent wie der Reichskanzler und Oberbefehlshaber der deutschen Wehrmacht. Er machte selbst vor der Vernichtung seines eigenen Volkes nicht halt: »Weil er sah, daß aus dem totalen Volkskrieg nichts mehr werden würde, daß die Masse der

deutschen Bevölkerung ihn nicht wollte. Sie dachte und fühlte nicht mehr, wie Hitler dachte und fühlte. Gut, dann sollte sie dafür bestraft werden – und zwar mit dem Tode: Das war Hitlers letzter Entschluß.« (Sebastian Haffner: *Anmerkungen zu Hitler;* bei Kindler, München; 10. Auflage, 1978; Seite 195/6.)
Das Prinzip der Stärke appelliert immer an die Ängste der Masse, daß man ihr den Besitz wegnehmen will – ein paar Habseligkeiten, die Frau; daß man ihr die Freiheit rauben will. Stallone alias Cobretti alias Rambo ist ein Ein-Mann-Unternehmen. Trotz allem ein Individualist, ein Einzelgänger. Er arbeitet allein. Cobretti stellt keine Bürgerwehr auf, Rambo organisiert keine paramilitärische Brigade. Die Taten, die er vollbringt, sind derart gewaltig, daß kein anderer da mithalten könnte. Zu sehr ist Stallone dem klassischen Erzählkino ausgeliefert, als daß er auf den alles überragenden Heldentypus verzichten möchte – als solchen sieht er sich selbst. Stellvertretend für die vielen, die ihre Ängste unterdrücken, bewahrt er ganz allein das alte Amerika, wie ein todesmutiger Restaurator. Sie können sich in ihrer Inaktivität sicher fühlen, denn Stallone artikuliert nicht nur ihr Lebensgefühl, er ästhetisiert es obendrein mit einer großen Kenntnis des modernen Filmhandwerks. Bei ihm, dem Stammhalter des alten Amerika, sind ihre schlimmsten Befürchtungen bestens aufgehoben. Er verarbeitet sie in seinen Filmen zu kollektiven Erlösungsprogrammen für Millionen. Trotz Glasnost und dem Abzug der Russen aus Afghanistan brachte es *Rambo III* immer noch auf stattliche 49 Millionen Dollar in 49 Tagen. In der BRD – im heißesten Sommerloch und der Urlaubszeit – in zwei Wochen auf 1,5 Millionen Besucher. Man tut der Sache des Kinos keinen Gefallen, wenn man Stallone nur als dummen Reaktionär verteufelt. Er ist eine ernst zu nehmende Persönlichkeit. Er ist der größte Held des Kinos der alten Welt. – Ein König. Es sieht so aus, als wäre er auch der letzte König, den dieses Kino hervorgebracht hat. In Patrick Swayze allerdings, der sich seine ersten Sporen in Coppolas *Outsiders* verdiente, könnte der kleine Bruder von Stallone heranwachsen.

Einstweilen, so war aus unbestätigten Quellen zu erfahren, bemühe sich der König für sein neuestes Projekt, *The Executioner* (nach einem Roman von Don Pendleton), um die Mitwirkung des Prinzen mit dem Leck-mich-am-Arsch-Gefühl, Mickey Rourke. Dieser hat das Zeug, ein ganz, ganz Großer zu werden. Er soll, nach ungesicherten Verlautbarungen, den Gegenspieler des Königs mimen – den Bösewicht. Welches Feindbild wird Stallone in seinem neuen Film denn durch den Fleischwolf drehen? – In *City Cobra* scheint er mehr eine persönliche Angelegenheit bereinigen zu wollen. Denn sind pathologische Gewalttäter eine Bedrohung für das Innere der USA? – Die 16 überführten Mörder, die Richter Rose Bird wieder laufen lassen mußte? – Stellt man sich vor, daß diese »freien Mörder« sich hinter einer vagen religiösen Idee versammeln, einige Anhänger gewinnen und aus pathologischer Überzeugung morden, wird die Bedrohung kaum größer. Die Manson-Bande (die Stallone zu *City Cobra* inspirierte) konnte die Menschen in Hollywood natürlich terrorisieren, in Todesangst versetzen und sogar töten – das innenpolitische Gefüge, den Staat, konnten sie weder erschüttern noch gar in Frage stellen. Zugegeben, die Manson-Bande irritierte mit ihrer unbeschreiblichen Bestialität die Polizeiorgane und die Betroffenen – wer Genaueres wissen möchte, dem sei Roman Polanskis Autobiographie *(Polanski über Polanski)* empfohlen, wo sich dieser selbst als Betroffener (Polanskis schwangere Frau Sharon Tate wurde von der Manson-Bande umgebracht) zu diesem schrecklichen Ereignis äußert; aber die Manson-Bande vermochte nicht, den Staat in Bedrängnis zu bringen. – So bekämpft Cobretti in *City Cobra* gefährliche Bestien, deren Verbrechen des Funktionieren der Gesellschaft nicht sonderlich tangieren. Die Maniacs sind selbst, nach dem Kodex der Unterwelt, Outlaws. Schon in Fritz Langs *M – Eine Stadt sucht einen Mörder* unterstützen die Gangster, die Könige des Verbrechens, die Fahndung der Polizei nach dem Triebtäter. Die Unterwelt muß sich genauso vor den Maniacs in acht nehmen wie die übrige Gesellschaft. Stallone schert aber alle Verbrecher über einen Kamm. Sein Intro zu *City Cobra* geht ungefähr so: »Jede soundsovielte Se-

Herr der Triebe: »Ich bin ein rationaler Mensch. Ich bin nicht schizoid. Ich habe keinen Erlöser gesucht. Ich habe keinen Jesus-Komplex. Aber da existiert etwas Höheres. Größer als jemals etwas sein kann.«

kunde geschieht in diesem Land ein Verbrechen.« Das Plakat kündigt es entsprechend an: »Das Verbrechen ist eine Krankheit. Sie muß bekämpft werden.«
Wessen Geistes Kind Stallone ist, beantwortet er selbst: »Ich versuche, die Sehnsüchte des kleinen Mannes auf der Straße darzustellen«; worauf er sich bezieht, erklärt er: auf Manson und Co. was dabei herauskommt: die Anarchie der Maniacs – darüber macht er sich keine Gedanken; und daß es nichts ändert, will er nicht wissen. Vielleicht hat er auf der Party eines Senators die Bekanntschaft eines wirklich Großen der ehrenwehrten Gesellschaft gemacht. – Davor fürchtet er sich bestimmt nicht. Diesen kann er mit *Rocky* womöglich genauso begeistern wie Millionen andere.
Stallone sagte im Interwiew (s. o.), daß er ohne Kino heute wahrscheinlich im Knast wäre. So ist er doch der beste Beweis für die Erlösungsmöglichkeiten, die das Kino bietet. Die

Nähe zu denen, die er in *City Cobra* verdammt, steckt ihm scheinbar noch tief in den Knochen. Er kennt es, er fühlt es, und er spielt es. Als Schauspieler (vor allem in *Rambo*) hat er wirklich großartige Momente, wenn ihm, durch äußere Gewalt provoziert, die Sicherungen durchbrennen und er seine ganze physische Power freisetzt, die in animalischer Vergeltung gipfelt. Da ist die Figur nicht mehr Herr der Sinne, nur noch Herr der Triebe.

Als Kind stand Stallone mit dem Rücken zur Wand – genauso wie Rambo. Genauso wie Rambo war Stallone ungeliebt – als Kind. Dieses machte ihn zerstörungswütig und einsam. Rambo will doch auch nur geliebt werden. Dafür gibt er sogar sein Leben. Aber niemand liebt ihn. Nur sein Körper ist ihm ein zuverlässiger Freund – er hegt und pflegt ihn wie eine Frau. Cobretti ist der Zwillingsbruder von Rambo, wenngleich seine Sehnsucht nach Liebe und Anerkennung sein Herz noch nicht mit einem Loch durchbohrt hat wie das seines Zwillingsbruders. Er ißt mit Vorliebe Pizza, die er sich vom Italiener an der Ecke besorgt. Ihn quält auch nicht die Liebe zum Vaterland. Er kaut auf Streichhölzern herum und schützt seine Augen mit dunklen Sonnengläsern – auch nachts. Cobretti vollstreckt das Todesurteil, für das es kein Gesetz gibt. Er ist der Henker unter den Henkern – ein Maniac, der auf der richtigen, auf der Seite des Guten steht. Er glaubt, das Gute schützen zu können, indem er das Böse böser betreibt als die Bösen – jenseits des »point of no return«, »jenseits von Eden« und auch »jenseits von Gut und Böse«. Dort, wo das Fegefeuer brennt. Dort, wo man durch eine Glasröhre hindurch muß, bis sie so schmal wird, daß man seine Kleider ablegen muß – nackt schlüpft man an den siedendheißen Glaswänden hindurch, so daß einem bei lebendigem Leib die Hitze die Haut vom Körper zieht. Cobretti ist ein Maniac, der Buße tut – der sein vergiftetes Gewissen reinigt – ein Psycho-Jäger. Der Krieg, den er führt, ist der Kampf um seine Seele – gegen sich selbst. Gegen die Gegenwart des Bösen in seinem Inneren. Paul Schrader hat einen solchen Konflikt für Martin Scorseses *Taxidriver* in bestechender Weise entworfen. Der Protagonist Travis Bickle

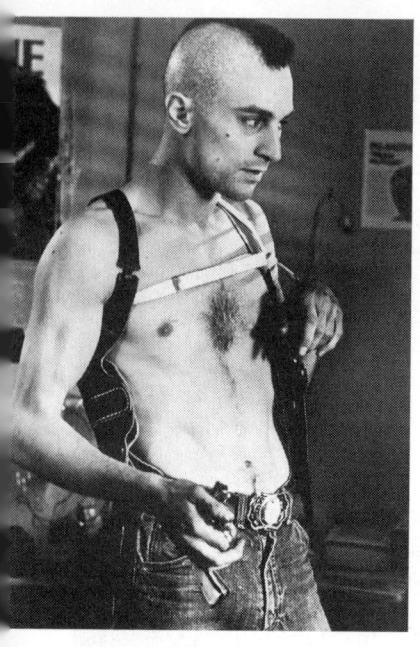 

»Ich bin Gottes einsamster Mann.« (Robert de Niro als Taxidriver. Die Rolle, die ihn weltberühmt machte und für die er fast den Oscar bekam.)

(Robert De Niro) richtet am Ende den menschlichen Abschaum. Das »absolvo« des Regisseurs bleibt aus Scorsese: »Hier sehen wir die Idee des falschen Heiligen. Er erreicht nicht, was er will. Er ist auf dem völlig falschen Weg.« – Stallone ist da anderer Meinung. Der rechtsradikale Fetzer Cobretti darf sich am Ende erlöst fühlen (mit ihm seine Gemeinde) – und das Top-Modell (Brigitte Nielson spielt die weibliche Hauptrolle) mit nach Hause nehmen – alles paletti, alles Cobretti!

Vielleicht wäre Stallone ohne Kino Cobretti geworden. Rambo hätte er nicht werden können – nachweislich fiel er zweimal bei der Musterung durch. Für einen Schwergewichtsweltmeister im Boxen ist er zu leicht und zu klein. Bleibt nur Cobretti. Einmal im Kino Bekanntschaft mit ihm gemacht,

SYLVESTER STALLONE

Die Carboni-Brüder:
Victor hat den Bizeps, Lenny den Grips
und Cosmo die große Klappe.
Sie tun alles, um nach oben zu kommen.

VORHOF ZUM PARADIES

KEVIN CONWAY · ANNE ARCHER · JOE SPINELL
ARMAND ASSANTE · LEE CANALITO · TERRY FUNK
FRANK McRAE · JOYCE INGALLS · TOM WAITS
Drehbuch und Regie: SYLVESTER STALLONE · Musik: Bill Conti
Kamera: LASZLO KOVACS · Mitproduzent: ARTHUR CHOBANIAN
Produktion: JOHN F. ROACH, RONALD A. SUPPA
Ausführender Produzent: EDWARD PRESSMAN

Original
Kinofassung
FSK
freigegeben
ab 18 Jahren

möchte ich ihn kein zweites Mal treffen. Als letzter König des Kinos der alten Welt ist er mir viel lieber ...
Geradezu in offenem Widerspruch zu *City Cobra* steht, was die kreative Qualität anbelangt, Stallones Regiedebüt, der 1978 entstandene *Paradise Alley,* zu dem er ebenfalls den Originalstoff lieferte und das Drehbuch schrieb. Dieses basierte auf *Hell's Kitchen* – eine Geschichte, die noch aus der brotlosen Zeit des Superstars stammte. Einmal wollte man ihm dieses Drama um eine Familie, die gegen ihr Elend im Slum ankämpft, abkaufen und zu einem Fernsehstoff verarbeiten. Obwohl er das Geld gut hätte gebrauchen können, wies er das Angebot zurück. Auf keinen Fall wollte er dieses Drehbuch, das authentische Bezüge zu seiner Kindheit aufweist und außerdem für die große Leinwand bestimmt war, für ein Linsengericht ans Fernsehen verkaufen. Keine Frage, er wollte seine Kindheit im Kino sehen. 1978 ging sein Wunsch in Erfüllung – unter einem veränderten Titel und in einer von der ursprünglichen Version adaptierten Fassung. Nach zweimaliger Doppelfunktion – Autor und Hauptdarsteller – erhob er sich jetzt zusätzlich in den Stand des Regisseurs. Wozu die frustrierende Erfahrung mit *F.I.S.T.* erheblich beitrug. *F.I.S.T.* hatte das Kopierwerk noch nicht verlassen – Stallones manische Phase im Rausch des Erfolgs erzeugte eine negative Stimmung gegen ihn, die Presse schoß sich langsam auf ihn ein –, da war das Debakel schon vorprogrammiert. *F.I.S.T.* floppte gewaltig. – Kommerziell und künstlerisch der pure Reinfall. Für Stallone ein Grund mehr, die Regie beim nächsten Projekt selbst zu verantworten. Diesmal wollte er nicht geführt werden. Er führte sich selbst und andere zum Ziel der Geschichte. Der Regisseur ist das kreative und administrative (wobei er sich hier oft genug mit dem Produktionsleiter in der Wolle hat) Oberhaupt eines großen Stabes aus Künstlern, Technikern und Schauspielern. Werner Herzog gebraucht gelegentlich die Metapher vom Feldherrn, der in die Schlacht zieht. Manchmal heißt es bei ihm – *Auch Zwerge haben klein angefangen, Aguirre – der Zorn Gottes* (u. a.): »Augen zu und durch.« Steven Spielberg hat den Ehrgeiz, alles und jedes mindestens so gut zu kennen wie der qua-

lifizierteste Spezialist in seiner Crew. Er geht davon aus, daß das Wissen eines guten Regisseurs dem Gesamtwissen seines Stabes ebenbürtig sein sollte. Es darf nichts geben, wovon der Regisseur keine Ahnung hat: ob er eine Geschichte erzählt, die Schauspieler führt, das Licht bestimmt, die Kamera inszeniert, die Ausstattung festlegt, den Schnitt plant, Special-Effects aussheckt, die Musik in Auftrag gibt oder die Ausführung der Produktion strukturiert. Stallones Entscheidung, Regisseur zu werden, bedeutete für ihn, die Perspektive des Autors und des Protagonisten um den Blickwinkel des Erschaffers zu erweitern – als würde der Komponist gleichzeitig sein Soloinstrument bearbeiten und das Orchester dirigieren. Der Autor ist der Schöpfer einer Idee, die im Protagonisten aufgeht. Dramaturgisch am zwingendsten sind Drehbücher, in welchen sich die Widersprüche der Geschichte im Protagonisten manifestieren, seine Handlungen und die der anderen Figuren durch plausible Ereignisse in einen logischen Zusammenhalt gebracht werden, der Beliebigkeit ausschließt. *Jenseits von Eden, Im Zeichen des Bösen, Chinatown, Der Saustall* sind Beispiele dafür. Vorzüglich ist auch die dramatische Konstruktion von *Maria Braun,* wo Peter Märthesheimer für Rainer Werner Fassbinder dieselben Schlußfolgerungen benutzte und Hanna Schygulla (jetzt für das Bundesverdienstkreuz vorgeschlagen) zum Weltstar wurde. Robert von Ackeren und Katharina Zwerenz berücksichtigten bei der Konzeption ihres aufregenden Filmes *Die flambierte Frau* Ähnliches – die moderne Frau und ihre Erotik unter dem Zwang der Wiederholung, die Unfreiheit sexueller Offenheit – ein modernes Beziehungsdrama. Götz George erfüllt zwar die Anforderung eines Protagonisten in der Darstellung des proletarischen Kumpeltyps Schimanski, jedoch verkaufen seine Autoren seine Gegner ganz schön für blöd. Von Logik kann keine Rede sein – *Schimanski*-Filme funktionieren auch ohne das.

Der Hauptdarsteller-Regisseur spielt zwei grundverschiedene Rollen: Der Hauptdarsteller durchlebt seine Figur, der Regisseur durchlebt den ganzen Organismus des Films – er führt jede Figur vor und hinter der Kamera. Der Protagonist

steckt gewissermaßen drin, der Regisseur steht darüber. Der Hauptdarsteller-Regisseur springt ständig hin und her. Es war nicht in Erfahrung zu bringen, wie Stallone diese Aufgabe praktisch bewältigt. Um die Komplexität der Überfunktion Autor – Regisseur – Protagonist zu veranschaulichen, ein Beispiel aus der Welt der Sports: Die Nationalmannschaft des DFB wurde 1972 mit dem Team Europameister, das die Fachwelt immer noch für das beste hält, was der deutsche Fußball je zu bieten hatte. Es war die Achse Beckenbauer (Libero) – Netzer (Regisseur) – Müller (Mittelstürmer), die diese Sportart dominierte. Beckenbauer, der letzte Kaiser, schaffte mit seinem genialen Stellungsspiel die Voraussetzungen für Netzers torgefährliche Spielgestaltung, die in Müller den idealen Vollstrecker fand – das 3:0 gegen die Auswahl der Sowjetunion ist ein perfektes Exempel. Libero steht hier für Autor, Spielgestalter für Regisseur und Mittelstürmer für Hauptdarsteller. Die Holländer, unter dem Trainer Rinus Michels, beherrschten jüngst mit der Achse Rejkaard – Gullit – van Basten die Konkurrenz bei der Europameisterschaft in unserem Land. Der Autor-Hauptdarsteller-Regisseur ist also Becken-

Drei Brüder und drei Seelen in der Brust (von links nach rechts): Cosmo – große Klappe, nichts dahinter; Victor – viel Muskeln, viel Herz; Lenny – verbissen und männlich.

bauer-Netzer-Müller in ein und derselben Person. Um sich die Sache etwas zu vereinfachen, drittelte Stallone für *Paradise Alley* den Protagonisten, bzw. er operierte mit drei Hauptfiguren. – Die Carboni-Brüder: Victor hat den Bizeps, Lenny den Grips und Cosmo die große Klappe. Schon diese Formel, die sich auf dem Plakat findet, weist auf die Nachlässigkeit des Drehbuchs hin, die sich bei der Umsetzung als der große »Up-Fucker« des gesamten Films herausstellt. Cosmo, von Stallone selbst gespielt, fehlt das Element, welches nicht mit einer großen Klappe wettgemacht werden kann. Als Bindeglied zwischen der Cleverneß, der Klugheit des ältesten Bruders Lenny und der unbändigen Kraft des jüngsten, des infantilen Victor, könnte er die Seele des Dreiergespanns bilden. Weder so tough und intellektuell wie Lenny noch so kräftig und dumm wie Victor, aber beides in sich vereinigend, stutzt Stallone seinen Cosmo auf das Maß eines vorlauten Großkotzes mit gelegentlich ernsthaften Absichten zurecht. So richtig nimmt man ihm nicht ab, daß er raus will aus dem Slum. Hin und wieder beklagt er sich, daß man auf seiner Sensibilität herumtanzen würde. In einer romantischen Ballade nach Ende des Zweiten Weltkrieges ist Cosmo derjenige, der oft wie ein Fremdkörper herumirrt. Seine Funktion beschränkt sich darauf, die Idee zu haben, Victor als Catcher zu vermarkten. Nach anfänglicher Opposition des Machos mit dem lahmen Bein übernimmt Victor, der Kriegsheld, der sich sein Brot als Leichenwäscher verdient, das professionelle Management des Bruders. Was Cosmo nachdrücklich auf die Palme bringt, da er sich ausgebootet vorkommt, weil Lenny die Frau kriegt (Anne Archer, Michael Douglas' Ehefrau aus *Fatal Attraction*), auf die er scharf ist, und weil er gesundheitliche Schäden für seinen jüngsten Bruder befürchtet. Cosmo ist leider nicht der romantische Held, der neben den Eigenschaften seiner Brüder wirkliche Verzweiflung und Fragilität vermissen läßt. In einem ansonsten bis ins kleinste Detail liebevoll und in jeder Hinsicht geradezu perfekt gemachten Film leistete sich der Debütant Stallone nur einen einzigen Fehler: Er selbst, in der Rolle des Cosmo, ist eine krasse Fehlbesetzung und nimmt dem Film seine großartige Qualität.

»*Too close to Paradise.*«

Was hätte aus *Paradise Alley* werden können, wenn Mickey Rourke als Cosmo besetzt worden wäre – man rufe sich nur sein Spiel als »Motorcycle-Boy« in Coppolas *Rumble Fish* in Erinnerung!
In *Paradise Alley* glänzt Stallone mit Ideenreichtum. Die Introsequenz läßt das Herz eines jeden Kinofreaks höher schlagen: Hinterhofgeräusche – ein Mann hat Streit mit seiner Frau, Backsteinbauten – ein Hochschwenk in nächtlichem Licht, über den Dächern des Elendsviertels findet ein Wettrennen statt – zwischen Cosmo und einem Handlanger des sadomasochistischen Stitch, des Gangsterfürsten der Nachbarschaft. Wer als Schnellster über zehn Häuserschluchten gekommen ist, auf den warten am anderen Ende fünf Dollar von Stitch. In *slow motion* fliegen Stallone und sein Kontrahent über die Dächer und tauchen am Himmel auf wie Sternschnuppen. Begleitet von Stallones rauhem Gesang, der sein Glaubensbekenntnis »Too close to paradise – too close to hell« ergreifend in die Nacht haucht, erscheinen die Anfangstitel in rötlich schimmernder Neonschrift. »Sometimes the difference is too hard to tell.« – »At paradise – they tell me – the sun shines all night. – Maybe I'm crazy – believe that stuff. But it's not enough. I'm too close to paradise – I'm too close to hell.« – »I'm too close to ever go home. – You can come with me – or I'll go alone. I'm too close to paradise ...« Viele haben sich aufgeregt, daß Stallone zu seinen vielen Funktionen auch noch den Titelsong ins Parkett schmetterte. Die One-Man-Ego-Show verschonte die Ohren der Kritiker nicht – Stallone wußte, wovon er sang. Er schilderte exakt seine Situation. Die Labsal des Rocky-Erfolgs war ihm zu Kopf gestiegen. Paradiesische Gefühle verzauberten den unsicheren Boden des Emporkömmlings in ein Wolkenbad – der Garten Eden war zum Greifen nahe und katapultierte sein schwach entwickeltes Selbstwertgefühl in die Zone des Hochmuts. Den Leuten, die mit ihm zu tun hatten, verging Hören und Sehen. »Stallone ist ein solches Aas geworden, daß noch nicht einmal sein Hund Butkus etwas mit ihm zu tun haben will«, sagte ein Mitarbeiter. »Aber bitte nennen Sie nicht meinen Namen. Es könnte sein, daß ich mit diesem Hundesohn

irgendwann mal wieder arbeiten muß«, beeilte er sich hinzuzufügen. Stallone flog nicht nur in seiner Introsequenz über die Dächer – auch im wirklichen Leben war der Weg, den er eingeschlagen hatte, kaum weniger halsbrecherisch als die irrsinnige Wette, die Cosmo, dem Gewinner, einen Fünf-Dollar-Schein einbringt, der mit Heftklammern an eine Kaminwand getackert ist. Cosmo fieselt ein paar Stücke des Papiergeldes ab und gibt dann auf. Stitch hat ihn wieder verarscht. Ohne die Titelnennungen wäre dieser Prolog ein grandios umgesetzter Music-Clip eines wunderbaren Songs. Selten hat Stallone seine Gefühle poetischer und unmißverständlicher ausgedrückt und dabei eine so reine Filmsprache eingesetzt – tiefgründig und unprätentiös. Nach *F.I.S.T.* hatte Stallone den Abgrund vor Augen. Er setzte alles auf eine Karte und traute sich den schwersten aller Filmberufe zu. Wohlgemerkt, ohne Erfahrungen in einem technischen Beruf gemacht zu haben, mit nur zwei Großproduktionen auf dem Buckel (sofern man *Rocky* als solche bezeichnen kann), fühlte er sich zum Regisseur berufen. Und er offenbarte ein erstaunliches Talent, was ihm damals außer der SÜDDEUTSCHEN ZEITUNG niemand bescheinigen wollte: »Noch erstaunlicher jedoch als der korrigierte Optimismus des Autors Sylvester Stallone ist, wie der Regisseur Stallone seinen Einstieg in das Medium praktiziert. Denn ihm gelang hier sozusagen auf Anhieb ein Film, der die Schönheiten des ausdrucksvollen Gestenkinos mit dem Atem eines großen menschlichen Abenteuers verbindet; den rekonstruierenden Glamour des Blicks zurück mit dem Witz der Souveränität und dem Realismus beklemmender Milieu- und Zeitschilderungen ... ein Film, aus dem, jenseits aller Spekulationen, aufregend phantasievoll und anrührend dramatisch, einfach die Lust am Filmemachen spricht ...« (SZ vom 12.3.1979)

Stallone präsentiert in *Paradise Alley* darüber hinaus sein überragendes Visualisierungsvermögen. Wenn Victor, der »Eisträger«, nachdem er zum xten Mal den zentnerschweren Eisquader umsonst die vier Stockwerke hinaufgetragen hat, weil die Bestellung wegen eines neuen Kühlschranks storniert wird, den Dienst quittiert, die Last erschöpft die Schul-

Den Abgrund vor Augen – die romantische Ironisierung des Bösen. (Stitch und sein bester Freund – Frankie das Monster.)

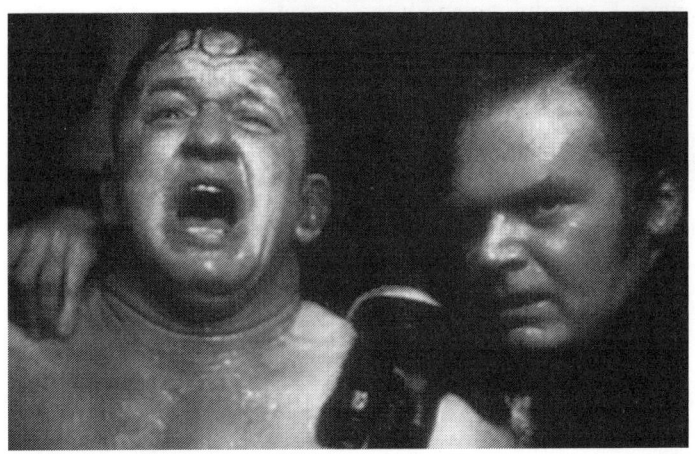

ter runterrutschen läßt, die eine Treppe tiefer zerbirst; die Vergeblichkeit und die Aussichtslosigkeit von Victors Leben und das seiner Brüder zeigt sich symbolisch im Lichterloh der explodierenden Eismasse. Victor wird professioneller Catcher und der Star im *Paradise Alley,* nachdem er den dortigen Champion »Big Glory« (dessen Schicksal so traurig ist) klar besiegt. Cosmo wird Trainer, und Lenny sorgt für die Kämpfe. Victor gewinnt Kampf um Kampf – insgesamt 9000 Dollar. Cosmo ist für eine Pause. Doch Lenny plant den Kampf der Kämpfe: »Kid Salami«, so der berüchtigte Name von Victor im Ring, gegen das Monster von Stitch. In erbarmungslosen Auseinandersetzungen zwischen Lenny und Cosmo, der gegen diesen Fight ist, sieht man einen Stallone so rüde und schonungslos wie seither leider nicht wieder:

Szene – Außen – Nacht – Hinterhof: Lenny und Cosmo bleiben vor einer Backsteinwand stehen.

Cosmo: Die Muskeln von unserem Kleinen sind ein Geschenk Gottes.
Lenny: Schön. Aber jetzt hältst du dich da raus!
Cosmo: Was hast du dagegen, 'n paar ehrliche Dollar zu verdienen?
Lenny: Nichts! – Kommt nur drauf an, wie.
Cosmo: Ach komm, hör doch auf. Frankie, das Monster, ist ein Catcher. Und Stitch sein Manager. Warum können wir nicht dasselbe machen?
Lenny: Frankie ist schon sein Leben lang versaut. Und versuch nicht, Victor in deine Spielchen hineinzuziehen.
Cosmo: Du verblüffst mich.
Lenny: Du verblüffst mich?! –
Cosmo: Da gibt's ne tolle Fahrkarte raus aus dem Slum. Und was hast du? – Nur Schiß.
Lenny: Ich hab ein Herz und kein Schiß.
Cosmo: Ach, erzähl mir doch nichts. Du warst hier der härteste Typ in der ganzen Gegend, Lenny. Deine Sache ist abgelaufen. Aber wirst mir meine nicht vermiesen.
– Lenny dreht sich weg und will gehen.
Cosmo: Hey, wo gehst du hin?

– Cosmo reißt ihn zurück.
– Lenny geht mit seinem Gehstock auf Cosmo los.
Lenny: Nimm die Pfoten weg!
– Cosmo verächtlich.
Cosmo: Schlag mich, schlag mich! Wenn du zuschlägst, entsteht noch nicht mal ein Fleck. Du bist die albernste Witzfigur in der Gegend. – Du hattest was im Kopf. Du bist rumgezogen. Und du warst tapfer. Und was hast du gekriegt als Beweis deiner Tapferkeit? – Was hast du gekriegt?
– Lenny geht mit verletztem Stolz weg.
– Cosmo brüllt ihm wild gestikulierend hinterher.
Cosmo: Was hast du dafür gekriegt? – Ne Feldkiste. Ein samtweiches Herz. Nen Gehstock. – Wenn du alles zusammennimmst, was hast du dafür gekriegt, Lenny? Nichts!! – Du hättest dir die Haare wachsen lassen können. Ein Loch ins Ohr bohren. Und vom Stuhl springen und Plattfüße kriegen – und hierbleiben wie ich. Aber nein. Du wolltest ja nen Schuß abkriegen und den Helden spielen. War's das wert? – Du gehst besser nach Hause, Lenny – du gehst besser nach Haus'. Du siehst nämlich alt aus, heut' abend. Du solltest mal mich anschauen. Denn ich bin auf dem Weg nach oben. – Es geht aufwärts mit Cosmo.
– Überblendung in rötlich schimmernden Animierschuppen.

Victor steht unter dem Einfluß von Lenny. Außerdem will er mit seiner japanischen Freundin, die ihm Nachhilfeunterricht in Englisch erteilt, ein Hausboot kaufen. Die Dollars, die er als Börse für die Kämpfe einsackt, will er dazu verwenden. In seinem authentischsten Moment versucht Cosmo, seinen Bruder von dem wahnwitzigen Kampf gegen das Monster abzuhalten. Aber Victor hat kein Einsehen. Er beharrt auf dem Hausboot. Cosmo resigniert: »Wir leben nicht auf Hausbooten, Victor.« Der Kampf der Giganten findet natürlich statt – spektakulär und furios. Trotz der gehobenen Brutalität ist dieses Finale ein Augenschmaus. Ein ästhetischer Genuß – der den Boxkampf in *Rocky* bei weitem übertrifft: technisch, optisch, vom Timing und was die Präzision betrifft. Halten wir Avildsen zugute, daß er mit einem Minimum an Budget zu-

Eine visuelle Idee jagt die nächste.

rechtkommen mußte. Verbuchen wir aber für Stallone positiv, daß er ein hochbegabter Autodidakt ist, der auf dem Gebiet der handwerklichen Umsetzung, wozu auch die Arbeit

mit den Schauspielern zählt, hinter den Großen seines Fachs nicht zurückbleibt. Armand Assante brilliert als vom Leben enttäuschter Lenny. Lee Canalito wurde für die Rolle des gutmütigen Trottels Victor von Stallone auf der Straße entdeckt. Jede noch so winzige Rolle, jedes Gesicht, das auftaucht, ist von Stallone mit sehr viel Fingerspitzengefühl ausgesucht. Bis auf Cosmo sind alle Figuren am richtigen Fleck postiert. Kevin Conway (Stitch) und Fred McRae (Big Glory) brachte er aus *F.I.S.T.* mit. Ebenso den Kameramann Laszlo Kovacs, der witzigerweise *Easy Rider* fotografierte. Jenen Film, den Stallone seinerzeit so gräßlich fand, daß er mit dem Schreiben anfing.
Der fundamentale Mißerfolg von *Paradise Alley* steigerte sich zum unermeßlichen Fiasko für Stallone. Er verlor alles. Seine Zugkräftigkeit bei den Produzenten, seinen Kredit bei der Kritik, seine Beliebtheit bei den Fans und seine Achtung vor sich selbst. Wüst beschimpfte er sich und kroch zu Kreuze.
Weil niemand *Paradise Alley* mochte, mochte er ihn auch nicht. »Ich kann nur mit einem Auge hinsehen. Wenn ich ihn mir mit zwei Augen anschaue, wird mir schlecht. Oh, es tut richtig weh.« Gelegentlich, in Momenten geistiger Umnachtung, forderte er Kritiker in Talkshows zum Boxkampf heraus. Er konnte einfach nicht verstehen, daß die gleichen Leute, die *Rocky* in den Himmel gelobt hatten, jetzt plötzlich seinen Kopf forderten. Diese meinten: »Stallone hat sich jeden schweren Fehler einverleibt, der seit Erfindung des Filmemachens vermieden wird, und machte alles sogar noch schlechter …«
Stallone machte sich dann vollends lächerlich, als er behauptete, sein Film wäre nur deshalb ein Mißerfolg, weil am Tag der Premiere die Sterne ungünstig standen. Man hätte *Paradise Alley* am falschen Tag gestartet. – So wie man ihn anfangs zu Unrecht mit dem Prädikat »der nächste Brando« belastete, unterschlug man jetzt – fahrlässig und von Ressentiments geleitet – seine unbestreitbaren Qualitäten als Regisseur, Autor und Sänger, sein musikalisches Empfinden für das Filmemachen.

Paradise Alley war für Stallone ein folgenschwerer Schicksalsschlag. Fortan fühlte er sich nur noch dem ordinären Publikumsgeschmack verpflichtet. Das, was die Leute sehen wollten, was sie von ihm sehen wollten, wurde zu seiner ungebrochenen Maxime. Dieser hält er ungebrochen die Treue. Sie hält er aufrecht und verdrängt dafür sein gebrochenes Herz als großer Künstler, der in ihm schlummert.

Im »Reich des Bösen«

»Rambo ist irgendwie eine symbolische, eine mythologische Figur, die in der Welt nach Wahrheit sucht und nicht glücklich werden kann, bevor sie Frieden findet. Rambo ist ein Symbol für die verlorene Seele.«

Vom Tellerwäscher zum Millionär in Lichtgeschwindigkeit. Danach der tiefe Fall in die Abgründe des Erfolgs – die verkrüppelte Wahrheit des Wunders, das den Hochmut hereinließ. Die Traumgrenze von 100 Millionen Dollar im ersten Versuch genommen, peilte er gleich den Weltrekord an: der nächste Brando, der neue Peter O'Toole – *Citizen Kane* im Handstreich und Chaplin auf die Plätze verweisen. Sehr viel Mut für einen Newcomer – mit einem Fuß auf dem Glas, mit dem anderen im Grab: »Too close to paradise – Too close to hell«. Stallone hat die Wahrheit gesungen und einen Film nach Herzenslust gedreht. Dabei hat er sich übernommen. Nicht der Regisseur oder der Autor Stallone versagten, wenngleich auf die Schwäche des Drehbuchs von *Paradise Alley* aufmerksam gemacht wurde. Stallone fiel in Ungnade, weil er sein ihm zugedachtes Rocky-Image verstieß. Niemand verzieh ihm, daß er in *Paradise Alley* hinter Rocky seine »Unreinheit« verbergen wollte. Cosmo ist ein Strizi, ein windiger Sprücheklopfer, ein Tunichtgut, der in der Gestalt Rockys die Gegend unsicher macht. Ein Schmarotzer, der auf Kosten anderer, ohne eigene Leistung, den Rahm abschöpfen will. Die einen, seine Fans, fühlten sich um eine Illusion geprellt, die anderen schritten zur Exekution. Pauline Kael vom NEW YORKER: »Als Autor gehört er zu den Primitiven im Feld der Massenmedien. Offensichtlich ist ihm nicht bewußt, wie schal seine Ideen sind. (…) Man kann nicht sagen, daß Stallone kein Talent (als Schauspieler) habe, aber nach drei Starrollen sind Stallones Grenzen in dieser Hinsicht nur zu deutlich geworden.« David Denby vom Magazin NEW YORK: »Der Film ist dümmlich und so synthetisch, daß man keine Sekunde davon glaubt.«
Einmal Rocky – immer Rocky! – Stallones letzte Chance war, wie könnte es jetzt noch anders sein, natürlich *Rocky II*. Nachdem Stallone mit seiner ersten Regie durchgefallen war, bot er wieder Avildsen die Regie für die Fortsetzung an. Stallone hatte trotz aller Meinungsverschiedenheiten großen Respekt vor der Kunst des Rocky-Regisseurs. Aber Avildsen wollte, daß Rocky mit Drogen in Berührung kommt, all seinen Ruhm verliert und wieder auf die Straße zurückkehrt.

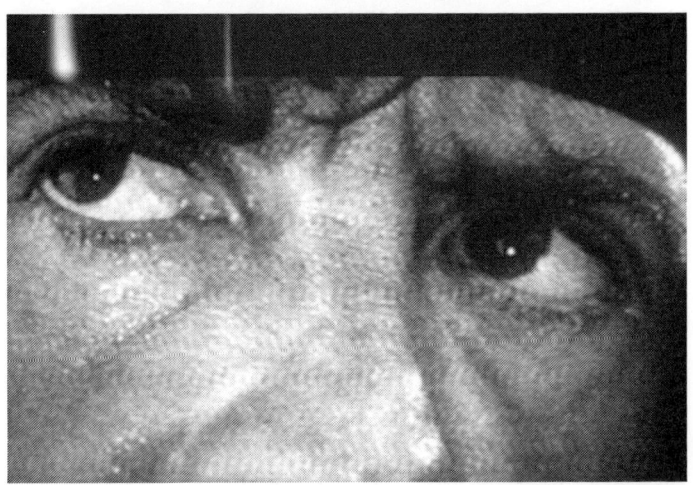

»Es fasziniert mich, den Figuren durch Close-Ups so nahe zu kommen, daß die Venen in ihren Augen wie der Mississippi aussehen.«

(Dieses ist im übrigen für Teil V geplant.) Das kam für Stallone gar nicht in Frage. Mit einem ähnlichen Sujet war er gerade auf die Schnauze gefallen – *Paradise Alley* kostete ihn fast Kopf und Kragen. Nein. Nein. – Rocky mußte der Gewinner bleiben. Soviel stand fest. Diesmal wird er sogar Weltmeister, nachdem Adrian fast stirbt und er in die Linksauslage wechselt. In *Rocky III* verliert er den Titel zunächst, weil sein Trainer Mickey stirbt, um ihn sich wieder zurückzuerobern, nachdem er von Apollo Creed zum »schwarzen Techniker« ausgebildet wird. Und im vierten Teil bezwingt der im Kampf des Jahrhunderts sein Schmerzzentrum und die russische High-Tech-Maschine Ivan Drago, nachdem dieser Apollo Creed totgeschlagen hat. Jetzt kann eigentlich nur noch Rocky selbst von uns gehen. Aber Stallone hat bereits angekündigt, daß er ihn nicht sterben lassen wird. Rocky wird also mit Stallone alt werden.

Gastspiele außerhalb des Rocky-Terrains stabilisierten seinen Ruf als Märchenboxer. Die unbeholfenen Fangkünste des Torwarts in einem Kriegsgefangenenlager unter der Regie des Altmeisters John Huston (*Flucht oder Sieg* 1981) und der Spezialagent, der in dem Action-Thriller *Nachtfalken* (1980) den Bösewicht, der die Welt in die Knie zwingt (Rutger Hauer), zur Strecke bringt, können nur unter der Rubrik »Nebenverdienst« verbucht werden. Obgleich Stallone neben *Starwars* die erfolgreichste Serie aller Zeiten geschaffen hatte und ein großer Star war, akzeptierte das Publikum ihn nicht in anderen Rollen. Für Produzenten und Verleiher bedeutete er Kassengift, sofern er nicht Rocky verkörperte. Das konnte Stallone auf Dauer nicht befriedigen. Sein Lieblingsprojekt – die Verfilmung des Lebens von Edgar Allan Poe – bekam er auch nicht auf die Reihe, obwohl – oder gerade weil – er hier das Thema vom »Triumph des kleinen Mannes« draußen stehen ließ, eben einen ganz anderen Sylvester Stallone präsentierten wollte: den Intellektuellen, Gebildeten, den Sachverständigen in Sachen Kunst. Es sah so aus, als sei er auf Gedeih und Verderb dem Rocky-Image ausgeliefert, als würde alle Welt ihn daran hindern, mehr zu sein – seine Gegner genauso wie seine Anhänger. Mit *Rambo* legte er diese Fesseln ab. Er entdeckte das »Reich des Bösen«, die dunkle Seite der Gesellschaft. – Stallone: »Rambo hat alles verloren. Rambo ist ein Experiment, das schiefgelaufen ist. Er repräsentiert den Zorn der Gesellschaft – die Vergessenen. Er ist fast schon ein Zombie. Er begann als einsamer Mann, aus dem eine Kampfmaschine gebaut wurde, die mit bestem Wissen und Gewissen ihr Land verteidigte und dann

Die Aufwertung des Feindbildes.

auf den Müll gekippt wurde. Unglücklicherweise kann man ihn nämlich nicht wieder wie eine Maschine umbauen. Er blieb zurück als einer, der in seinem Land herumirrt, auf der Suche nach dem Schlüssel, der ihm die Tür ins ganz normale Leben aufschließt. In diesem Sinne steht Rambo für Frustration, Wut und die Notwendigkeit einer Idee, für die man zu sterben bereit ist. Das Leben ist nichts wert, wenn es keinen Grund zu kämpfen gibt.«

Ganz nebenbei, aber unbemerkt, gibt Stallone denjenigen recht, die sich vor dem Amerika fürchten, das das Experiment Rambo hervorgebracht hat; dem Teil der amerikanischen Psyche, der ohne Rücksicht auf Verluste mit der Waffe in der Hand die indianische Kultur ausgerottet hat, Neger versklavte und das mächtigste Imperium der Welt errichtete: Kapitalismus in Reinkultur – Wohlstand und Armut für Millionen gleichzeitig. Vorsichtigen Schätzungen zufolge sind es mindestens zwölf Millionen, die im reichsten Land der Erde nichts zu essen haben. Alle, die unter dem brutalen Vollzug der Erbarmungslosigkeit der dortigen »Freiheit des Kapitalismus« (ohne verankerte Sozialgesetzgebung) zusammenbrechen, erwartet ein Leben in Elend und Not. In einem Land, in dem die christlichen Fundamentalisten der puritanischen *moral majority* den intellektuell und ökonomisch führenden hedonistischen Juden den Kampf angesagt haben (siehe die jüngsten Auseinandersetzungen um den letzten Scorsese-Film *Die letzte Versuchung Christi*), in einem Land, das sich von Gott geweiht und autorisiert fühlt, kann die Existenz Dritte-Welt-artiger Zustände nur mit einem rigiden Kodex gerechtfertigt werden – mit dem Recht des Stärkeren und der natürlichen sozialen Auslese. Der Widerstand, das Unrecht zu begreifen, das Millionen von Menschen tagtäglich geschieht und aufgezwungen wird, ist so groß, daß ein von Vaterlandsliebe zerfressener Held wie der deutsch-indianische John Rambo lieber das Banner mißverstandenen Nationalstolzes mit seinem Blut tränkt und sich für revanchistische Ziele hergibt, anstatt der Wahrheit ins Antlitz zu blicken und neue Werte für sich zu entdecken. – »Was willst du, John?« – fragt ihn Trautmann am Ende des zweiten Teils. – »Ich will, daß unser Vaterland uns genauso liebt wie wir unser Vaterland, für das wir gestorben wären.« – Stallone beschreibt den ersten *Rambo* folgendermaßen: »(Der Film) ist ein actiongeladenes politisches und soziologisches Statement darüber, wie wir die Männer in die Arme schließen sollten, die wir hinausschickten, damit sie für uns die Dreckarbeit leisten.« Dieses Vaterland hat aber nichts übrig für Verlierer. Das sollte Stallone als eifriger Verfechter des amerikanischen Traums schon spitzgekriegt haben. Für solche wie Rambo gibt es keinen Platz mehr. Nur noch im »Reich des Bösen«. Und dort läßt es sich ja bekanntlich nicht gut leben. Als gläubiger Amerikaner lokalisiert Stallone das »Reich des Bösen« außerhalb der USA. In Vietnam *(Rambo II)*, in Rußland *(Rocky IV)* und in Afghanistan *(Rambo III)*. Über die Funktion der Maniacs in der Feindbildstruktur des Megastars wurde im vorangegangenen Kapitel eine längere Betrachtung angestellt – Cobretti wird explizit nicht als gläubiger Amerikaner gezeichnet. In den oben genannten Filmen korrigiert Stallone im nachhinein die historischen Ereignisse und errichtet seiner Nation ein Monument der Unbezwingbarkeit, das inzwischen von der Regierung Reagan in dieser Großartigkeit nicht mehr gewollt wird. Der kalte Krieg ist vorerst unter eine

›Rambo‹ will doch nur geliebt werden.

warme Dusche gestellt worden. Seit der Unterzeichnung des INF-Vertrages, der die Eliminierung der Mittelstreckenraketen zum Ziel hat, wird die UdSSR nicht mehr offiziell als das »Reich des Bösen« geführt. Vielmehr als Partner, mit dem man Busineß macht. Die militärischen Positionen der beiden Großmächte glichen sich ohnedies wie ein Ei dem anderen. Die Amerikaner setzen auf das *Prinzip der Stärke;* die Russen auf *Frieden durch Stärke.* Darüber hinaus begünstigen die gewaltigen innenpolitischen Reformen Gorbatschows eine längerfristige konstruktive Partnerschaft der beiden Supermächte in bezug auf die Lösung der Probleme in der Welt. Das Abrücken vom reinrassigen Kommunismus, die Ausmerzung stalinistischer Relikte reduzieren die Antithese zum »vogelfreien« System des amerikanischen Kapitalismus, der die freie Entfaltung des Individualismus auf der Basis von Eigeninitiative stets von den gleichmacherischen Absichten der Diktatur des Proletariats massiv bedroht sah. Und so steht Stallone genauso allein auf weiter Flur wie sein Alterego Rambo. – Wie eh und je. Nichts hat sich geändert an seiner Rolle als ungeliebter Megastar. Außer, daß er sein privates Leben jetzt vorwiegend mit Bodyguards teilt, die aufpassen, daß er nicht wieder einer Traumfrau auf den Leim geht. In einer elektronisch kontrollierten Traumvilla von der übrigen Welt separiert, ständig umgeben von Leibwächtern, möchte keiner mit Stallone tauschen. Er hat für die Zukunft vorgesorgt, das *Prinzip der Stärke* ist ihm in Fleisch und Blut übergegangen: »Seit Menschengedenken hat man immer gesagt: ›Wir sind friedliche Geschöpfe‹ und daß es immer ein anderer ist, der uns zu Gemeinheiten provoziert. Aber die Gewalttätigkeit als Erbgut unserer Kultur zu leugnen, ist eine Lüge.« Nicht übel. Aber die Konsequenzen, die er daraus zieht, beschwören den Pioniergeist der amerikanischen Gründerzeit: »Ich kann auch dazu gebracht werden, gewalttätig zu sein, weil ich glaube, daß Gewalt in einer Streßsituation eine Schutzreaktion ist. Zum Beispiel haben wir ein territoriales Vorrecht, was ich als unser Haus bezeichnen möchte. Kommt jemand in dieses Haus und betritt das Territorium, muß man unmittelbar darauf reagieren. Wenn man sitzen bleibt und sagt: ›Du bist ein Mensch und ich auch, laß uns doch zusammen reden.‹ Aber der andere ist bewaffnet und hat keine Lust zu diskutieren, will dich einfach nur umbringen und dein Geld. Was machst du dann? Der einzige Weg, dem zu begegnen, ist, mehr Gewalt anzuwenden. Du kannst nicht davon ausgehen, daß dir nie so etwas passieren wird. Gerade dann. Mir passiert das. Ich lese Briefe von Leuten, die die Knarre auf mich richten wollen. Nachts bekomme ich Anrufe, die mich mit dem Tod bedrohen: ›Wir werden dir die Kehle durchschneiden.‹« – Das ist der Beweis, daß es jedem passieren kann. Sylvester Stallone macht solcherlei Erfahrungen offenbar ständig. Aber wie so oft verschwendet er keinen Gedanken, um das Warum herauszufinden. Auch scheinen alle seine Besucher bewaffnet bei ihm zu erscheinen und an einer Unterhaltung nicht interessiert zu sein, denn sie haben es ja nur auf sein Geld abgesehen. Stallone spricht von Gewalt wie von einem Phantom, das aus dem Nichts kommt. Und gegen das man sich nur mit noch mehr Gewalt behaupten kann. Rambo, meint er, sei gegen Gewalt, er tue alles, um sie zu beenden. Überhaupt bestehe nicht der geringste Anlaß, Rambo vorzuwerfen, er verherrliche die Gewalt – obwohl er sich gegenüber seinen Kritikern einsichtig zeigt, wenn diese ihm solches vorwerfen. Spielberg bewundert er, weil Steven »ein großes Publikum erreicht, ohne die Menschen in Angst und Schrecken zu versetzen«. – »In meinen Filmen versuche ich, Gewalt zu erforschen – weniger Gewalt auszubeuten, als vielmehr ihren positiven Sinn zu untersuchen.« – Was könnte denn der positive Sinn von Gewalt sein? – »Daß es da noch jemanden gibt, der noch gewalttätiger ist als Rambo.« – Aha! Man kann davon ausgehen, daß der andere ein noch größerer Fiesling ist als man selbst. Spiegelt sich hier nicht zum wiederholten Male der Geist des alten Amerika in Stallones Lebenshaltung?

»Die Qualität des Lebens« verunsichert ihn am meisten. »Du fragst dich, was ist das Leben? Das Sammeln von Kunst? Von Freunden umgeben zu sein? Das macht mich ganz schön fertig. Was wäre, wenn ich nicht das besäße, was ich habe – was würde ich dann tun? Würden dieselben Leute um mich herum sein, die gleichen Freunde, oder würde sich alles in Luft auflösen? Und wenn du es grundsätzlich betrachtest, hat alles keinen Sinn ohne Liebe, ohne ein paar Freunde, denen du wichtig bist. Du brauchst jemanden, mit dem du alles teilen kannst. Es war schon immer meine größte Angst, mein Leben mit kurzlebigen Freundschaften zuverbringen. Und am Ende hast du nichts außer einem neuen Gesicht und einem anderen Duft auf deinem Kissen. Für mich ist das das Erschütterndste im Leben.«

Deprimierend muß für Stallone auch dieTatsache sein, daß er mit Rocky seinem Land eine beispielhafte Liebeserklärung gemacht hat, den Inbegriff des *American way of life* umgesetzt hat wie kaum ein anderer, Multimillionär wurde, sich alles leisten könnte, was man mit Geld kaufen kann, und dennoch als Mensch keine Anerkennung findet. Entweder ist er das Idol, der Halbgott, der alles richtig macht, oder der neureiche Primitivling, der alles falsch macht. Wie seine Sub-Persönlichkeit Rambo, mit der er die unumstrittene Nummer eins wurde, gibt er alles für den amerikanischen Traum – lebt ihn, verteidigt ihn und würde sogar für ihn sterben. Die Nation läßt ihn im Stich. Wie Rambo könnte er vor die Hunde gehen – den meisten seiner Branche täte er damit einen Gefallen. Rambo ist der Letzte, erklärt Trautmann dem haßerfüllten Cop im ersten Teil – der Letzte einer Eliteeinheit. Und der Beste. »Dieser Mann ist darauf trainiert, seine Schmerzen zu verdrängen. Er hat keine«, weiß Trautmann aus Erfahrung. Solange Rambo mit physischen Schmerzen zu tun hat, obsiegt der moderne Herkules. Gegen die Erniedrigung, im eigenen Land als Feind bekämpft zu werden, gegen den psychischen Schmerz ist auch er am Ende machtlos. Ein Leben ohne Krieg ist für ihn sinnlos. So sinnlos wie für Stallone ein Leben ohne Kampf – immer auf der Suche nach einem, der noch fieser ist.

DerVietnam-Krieg hat die amerikanische Nation tiefgreifend verändert. Zum ersten Mal in der Geschichte der westlichen Demokratien erhob sich die Jugend im eigenen Land gegen einen Krieg, mit dem sie nichts zu tun haben wollte. Hunderttausende veranstalteten vor demWeißen Haus ein »Love

and Peace Happening«. Nixon verstand die Welt nicht mehr. Veteranen gaben ihre Orden zurück. Carter löste Nixon ab. Er war der Präsident eines gebrochenen, schuldbewußten Amerika. Mit Reagan kehrte der alte Kampfgeist zurück. Die Besinnung auf das *Prinzip der Stärke,* das freilich, die Ratifizierung der Abrüstungsurkunden beweist es, nur von kurzer Dauer war. Inzwischen sind die Veränderungen in der Welt auch in die Hirne der Falken des Pentagon gedrungen. Aber Rambo hält mit seinen Abenteuern die letzten Zuckungen eines vergangenen Zeitalters am Leben. Er gibt all jenen, die mit der Schnelligkeit der Gegenwart nicht Schritt halten wollen, das Gefühl, daß Amerika nicht umsonst gekämpft hat. Kein Kampf ist umsonst – und auch keine Niederlage. Wir Deutschen sind zutiefst getroffen, wenn Boris gegen die Nummer 173 der Weltrangliste in der ersten Runde eines Turniers ausscheidet. Die USA, die Supermacht Nummer eins, bekamen von einem kleinen, tapferen Volk im Dschungel den Arsch kräftig versohlt. Verständlich also sind regressive Sehnsüchte durchaus. Stallone alias Rambo tut nichts anderes, als Gefühle von gestern zu befriedigen, was im Grunde nur eine große Schwäche der USA offenbart. Den Fortschritt von heute kann er damit nicht aufhalten.
Unmittelbar nach *Rambo III* wurde in den Moskauer Filmstudios der erste Spielfilm über Afghanistan fertiggestellt. Der Streifen mit dem schlichten Titel *Russen* gibt zu der Hoffnung Anlaß, daß die Sowjetunion mit ihrer Vergangenheitsbewältigung im Zeichen von Glasnost ehrlicher umgeht als die Amerikaner mit ihrem Vietnam-Trauma.
Stallone vergleicht die USA immer wieder mit einem frühreifen Kind, welches aufgrund seiner Überlegenheit zu konziliant mit seinen Gegnern und Feinden verkehrte. Vielleicht aber hatte Amerika dieselben Probleme wie der Schöpfer von Rambo und Rocky in seiner Kindheit, der schon mit vier Jahren einem Psychiater vorgestellt wurde. – Stallone: »Ich war vier, als ich zum Psychiater kam. Nach einem Gespräch sagte der: ›Mit dem Kind ist alles in Ordnung, aber vielleicht stimmt mit den Eltern etwas nicht.‹ Zu dieser Zeit war ich sehr unruhig und extrem empfindlich, was sich in Zerstö-

»Alles, was ich bin und habe, verdanke ich Rocky Balboa. Ich habe Rocky nicht geschaffen – er schuf mich.«

rungswut ausdrückte. Ich weiß nicht, ob es daran lag, daß ich mich nicht geliebt fühlte – man hat so viel, was man geben möchte, aber niemand will es haben. Es ist so, als würde man mit einem Geschenk herumlaufen und nicht wissen, wo man es hintragen soll. So habe ich mich als Kind gefühlt. Ich glaube, viele Schauspieler haben Ähnliches erlebt. Und heute habe ich glücklicherweise ein Ventil gefunden.« – Stallone verschafft sich mit Rocky und Rambo Luft. Amerika mit Ronald Reagan, der auch einst ein Schauspieler war. Es sieht so aus, als würde der größten Weltmacht nunmehr bei der Überwindung ihrer frühkindlichen Reife nichts mehr im Wege stehen, als könnte sie das Stadium der Pubertät mit der Mobilisierung ihrer wirklichen Stärke beginnen. Einer Stärke, die mit Muskeln weniger zu tun hat als vielmehr damit, die Schmerzen (der Vergangenheit) nicht mehr zu verdrängen wie Rambo – so daß Sylvester Stallone allmählich aus dem »Reich des Bösen« zurückkehren kann in eine Welt, die in Zukunft mehr von der Stärke der Vernunft bewegt wird ...

Filmographie

Der Vollständigkeit halber seien Stallones Kurzauftritte in *Bananas* (1971), *Das Nervenbündel* (1974), *Fahr zur Hölle, Liebling* (1975) und *Mandingo* (1975) erwähnt; 1974 spielte er einen überehrgeizigen Polizisten in *Einsatz in Manhattan*; drei größere Rollen in B-Pictures: *Capone* (1975), *Frankenstein's Todesrennen* (1975) und *Cannonball* (1976); 1970 Hauptrolle in dem harmlosen Soft-Porno *Kitty & Studs*.

Vier unauffällige Starrollen:

Der letzte Ausweg (1974)
Eine Produktion der Galaxy Enterprises
Kamera: Marty Knopf
Drehbuch: Robert Allan Schnitzer
             Larry Beinhart
Regie: Robert Allan Schnitzer
Darsteller: Antony Page und Sylvester Stallone u. v. a.

Nachtfalken (1980)
Eine Universal-Produktion
Kamera: James A. Contner
Drehbuch: David Sharber
Regie: Bruce Malmuth
Darsteller: Sylvester Stallone, Rutger Hauer, Billy Dee Williams, Lindsay Wagner, Persis Khambatta u. v. a.

Flucht oder Sieg (1981)
Eine Victory-Film-Partnership-Produktion
Kamera: Gerry Fisher BSC
Drehbuch: Evan Jones
             Yabo Yablonski
Regie: John Huston
Darsteller: Michael Caine, Max von Sydow, Pelé, Sylvester Stallone u. a.

Der Senkrechtstarter (1983)
Eine Produktion der 20th Century Fox
Kamera: Timothy Galfas
Drehbuch: Phil Alden Robinson und
 Sylvester Stallone
Regie: Bob Clark
Darsteller: Dolly Parton, Sylvester Stallone u. a.

Die erste ernstzunehmende Hauptrolle:

Lords of Flatbush – Brooklyn Blues (1974)
Eine Verona/Davidson-Produktion
Schnitt: Stan Siegel und Muffie Meyer
Musik: Joe Brooks
Produktions-
leiter: Stephen F. Verona
Kamera: Joseph Mangine
 Edward Lachmann
Drehbuch: Stephen F. Verona
 Gayle Gleckler
 Martin Davidson
Regie: Stephen F. Verona und Martin Davidson
Darsteller: The Lords: Perry King, Sylvester Stallone, Paul Mace, Henry Winkler; The Girls: Susan Blakely, Renée Paris, Marie Smith u. v. a.

Das Debüt als Regisseur:

Paradise Alley (1978)
Eine Force-Ten-Produktion/ein Moonblood-Film
Produziert von John F. Roach und Ronald A. Suppa
Ausführender
Produzent: Edward Pressmann
Ausstattung: John W. Corso
Casting: Cora Jones
Schnitt: Eve Newman ACE
Musik: Bill Conti
Titelsong
»Too close
to Paradise«: Bill Conti; Text von Carol Bayer Sager und Bruce Roberts; gesungen von Sylvester Stallone

Catcher-Choreographie:	Terry Funk
Kamera:	Laszlo Kovacs ASC
Buch und Regie:	Sylvester Stallone
Dank an:	Herbert S. Nanas Jeff Wald
Darsteller:	Sylvester Stallone (Cosmo), Armand Assante (Lenny), Lee Canalito (Victor), Frank McRae (Big Glory), Anne Archer (Annie), Kevin Conway (Stitch), Terry Funk (Frankie das Monster), Joyce Ingalls (Bunchie), Joe Spinell (Burp), Aimée Eccles (Susan Chong) und Tom Waits (Mumbles) u. v. a.

Der große Flop als Schauspieler und Autor:

F.I.S.T. – Ein Mann geht seinen Weg (1978)

Eine Gene-Corman-Präsentation

Kostüme:	Anthea Sylbert
Herstellungsleitung:	Larry de Waay
Ausstattung:	Richard McDonald
Schnitt:	Antony Gibbs und Graeme Clifford
Musik:	Bill Conti
Kamera:	Laszlo Kovacs ASC
Story:	Joe Eszterhas
Drehbuch:	Joe Eszterhas und Sylvester Stallone
Produktion und Regie:	Norman Jewison
Darsteller:	Sylvester Stallone (Johnny Kovak), Rod Steiger (Senator Madison), Peter Boyle (Max Graham), Melinda Dillon (Anna Zarinka), David Huffmann (Abe Belkin), Tony Lo Bianco (Babe Milano), Kevin Conway (Vince Doyle) u. v. a.

Eine exzellente Regieleistung:

Staying Alive (1983)
Eine Robert-Stigwood/Sylvester-Stallone-Produktion
Mit Songs von den Beegees und Frank Stallone jr.
Ausführender
Produzent: Bill Oakes
Produktions-
leiter: James D. Brubaker
Ausstattung: Robert Boyle
Choreograph: Dennon Rawles
Kostüme: Tom Bronson
Bühnen-
kostüme: Bob Mackie
Art Director: Norm Newberry
Schnitt: Don Zimmerman und Mark Warner
Kamera: Nick McLean
Drehbuch: Sylvester Stallone und Norman Wexler
Regie: Sylvester Stallone
Darsteller: John Travolta (Tony Manero), Cynthia Rhodes (Jackie), Finola Hughes (Laura), Steve Inwood (Jesse), Julie Bovasso (Mrs. Manero), Charles Ward (Butler), Cindy Perlman (Cathy), Norma Donaldson (Fatima), Robert Martini (Fred), Kurtwood Smith (Choreograph), Janet Jones (Joy) und die Tänzer und Tänzerinnen: Randy Allaire, Bill Burns, David Chavez, Nell Alano, Audrey Baranishyn, Francine O'Neill u. v. a.

Alteregos:

Rocky (1976)
Eine Robert-Chartoff/Irwin-Winkler-Produktion
Schnitt: Richard Halsey
Musik: Bill Conti
Box-Choreo-
graphie: Sylvester Stallone
Kamera: James Crabe
Drehbuch: Sylvester Stallone
Regie: John G. Avildsen

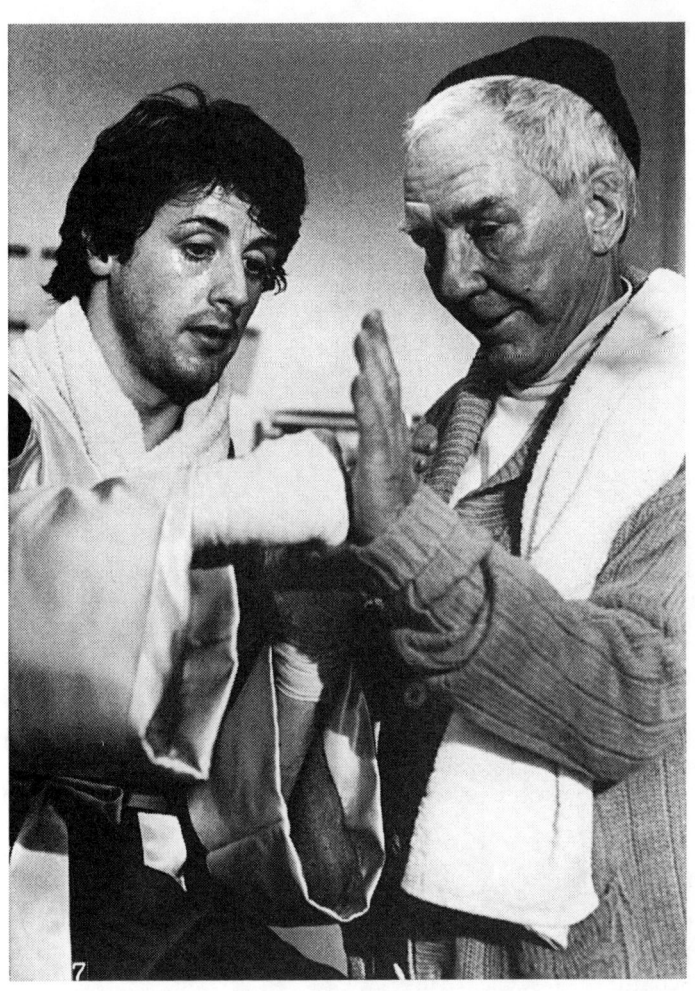

›Rocky‹

Darsteller: Sylvester Stallone (Rocky Balboa), Talia Shire (Arian), Burt Young (Paulie), Carl Weathers (Apollo Creed), Burgess Meredith (Mickey) u. v. a.

Rocky II (1979)
Eine Robert-Chartoff/Irwin-Winkler-Produktion
Schnitt: Danford B. Greene
Musik: Bill Conti
Box-Choreo-
graphie: Sylvester Stallone
Kamera: Bill Butler
Drehbuch
und Regie: Sylvester Stallone
Darsteller: Sylvester Stallone (Rocky Balboa), Talia Shire (Adrian), Burt Young (Paulie), Burgess Meredith (Mickey), Carl Weathers (Apollo Creed), Joe Spinell (Gazzo), Sylvia Meals (Mary Anne Creed) u. v. a.

›Rocky II‹

›Rocky III‹

Rocky III – Das Auge des Tigers (1982)
Eine Irwin-Winkler/Robert-Chartoff-Produktion
Mit dem Titelsong »Eye of the Tiger« von Survivor

Herstellungsleiter:	Herb Nanas
Produktionsleiter:	James D. Brubacker
Musik:	Bill Conti
Schnitt:	Don Zimmerman und Mark Warner
Art Director:	Ronald Kent Foreman
Box-Choreographie:	Sylvester Stallone
Kamera:	Bill Butler ASC
Drehbuch und Regie:	Sylvester Stallone
Darsteller:	Sylvester Stallone (Rocky) Talia Shire (Adrian), Burt Young (Paulie), Carl Weathers (Apollo

Creed), Burgess Meredith (Mickey), Mr. T. (Clubber Laing), Ian Fried (Rocky jr.), Tony Burton (Duke), Hulk Hogan (Thunderlips), Chad Cooperman (Fan #3), u. v. a.

Rocky IV – Der Kampf des Jahrhunderts (1985)
Eine Robert-Chartoff/Irwin-Winkler-Produktion
mit Songs von Robert Tepper, James Brown, Survivor, John Cafferty, Kenny Loggins & Gladys Knight, Vince DiCola, Go West, Touch

Ausführende Produzenten:	James D. Brubaker und Arthur Chobanian
Kostüme:	Tom Bronson
Bauten:	Bill Kenney
Schnitt:	Don Zimmerman ACE und John W. Wheeler ACE
Musik:	Vince DiCola
Kamera:	Bill Butler ASC
Drebuch und Regie:	Sylvester Stallone
Darsteller:	Sylvester Stallone (Rocky), Talia Shire (Adrian), Burt Young (Paulie), Carl Weathers (Apollo Creed), Tony Burton (Duke), Dolph Lundgren (Ivan Drago), Brigitte Nielsen (Ludmilla Drago), Michael Pataki (Nicoli Koloff) u. v. a.

Rambo (1982)
Eine Mario Kassar/Andrew Vajna-Präsentation

Casting:	Lynn Stalmaster und Toni Howard
Co-Executive:	Herb Nanas
Kostüme:	Tom Bronson
Ausstattung:	Wolf Kroeger
Optische Beratung:	Thom Noble
Produzent:	Buzz Feitshans
Musik:	Jerry Goldsmith
Schnitt:	Joan Chapman
Kamera:	Andrew Laszlo ASC
Drehbuch:	Michael Koroll und William Sackheim und Slyvester Stallone nach einem Roman von David Morrell

Regie:	Ted Kotcheff
Darsteller:	Sylvester Stallone (Rambo), Richard Crenna (Trautmann), Brian Dennehy (Sheriff) u. v. a.

Rambo – Der Auftrag (1984)
Eine Mario Kassar/Andrew Vajna-Präsentation

Produzent:	Buzz Feitshans
Musik:	Jerry Goldsmith
Schnitt:	Mark Goldblatt und Mark Helfrich
Kamera:	Jack Cardiff
Drehbuch:	Sylvester Stallone + James Cameron nach einer Story von Sylvester Stallone und Kevin Jarre, basierend auf Charakteren von David Morrell

›Rambo II‹

Regie: George P. Cosmatos
Darsteller: Sylvester Stallone (John Rambo), Richard Crenna (Colonel Trautmann), Julie Nickson (Co Bao), Charles Napier (Marshall Murdock), Steven Berkoff (Lt. Podovsky) u. v. a.

Rambo III (1987/88)
Eine Mario Kassar/Andrew Vajna-Präsentation
Produzent: Buzz Feitshans
Assoziierter
Produzent: Tony Munafo
Ausstattung: Bill Kenney
Kostüme: Richard La Motte
Spezial-
Effekte: Thomas Fisher
Kamera: John Stanier
Musik: Jerry Goldsmith
Drehbuch: Sylvester Stallone und Sheldon Lettich nach einer Story von Sylvester Stallone, basierend auf Charakteren von David Morrell
Regie: Peter MacDonald

Die City Cobra (1986)
Eine Cannon-Group-Produktion
Musik: Sylvester Levay
Schnitt: Don Zimmerman ACE
Kamera: Ric Waite ASC
Drehbuch: Sylvester Stallone
Regie: George P. Cosmatos
Darsteller: Sylvester Stallone (Cobretti), Brigitte Nielsen (Ingrid) u. a.

Der Film, der ihn zum Megastar machte:

Over the Top (1987)
Eine Golan-Globus-Produktion
Mit Songs von Sammy Hagar, Kenny Loggins, Asia u. a.
Assoziierter
Produzent: Tony Munafo
Kostüme: Tom Bronson

Art Director: William Skinner
Ausstattung: Roland E. Hill jr.
Schnitt: Don Zimmerman ACE und James Symons
Musik: Giorgio Moroder
Kamera: David Gurfinkel
Drehbuch: Stirling Silliphant und Sylvester Stallone nach einer Story von Gary Conway und David C. Engelbach
Regie: Menahem Golan
Darsteller: Sylvester Stallone (Lincoln Hawk), Robert Loggia (Jason Cutler), Susan Blakely (Christina Hawk), Rick Zumwalt (Bob »Bull« Hurley), David Mendenhall (Michael Cutler), Chris McCarthy (Tim Salanger) u. v. a.

Gegenwärtig steht Sylvester Stallone als Hauptdarsteller in *The Executioner* vor der Kamera; für die Zukunft sind einige Projekte geplant: *Stoner, Edgar Allan Poe* (nur Buch und Regie), ein bisher unbetiteltes historisch-religiöses Epos und *Rocky V*; neben Kathleen Turner soll er in der Verfilmung des Lebens der Sex-Göttin Lana Turner deren Liebhaber Johnny Stompanato spielen.

Quellenangabe

Rocky Comes to Dubuque von Frank Maier, NEWSWEEK, im Herbst 1977
Ko's Hollywood (Autor unbekannt), NEWSWEEK, April 1977
The Trouble with Sylvester Stallone von Lewis Grossberger, ROLLING STONE 8. Juli 1982
Sylvester Stallone von Nancy Collins, ROLLING STONE, 19.12.1985
The Mellowing of Rocky von William Wolf, NEW YORK, 14.6.1982
Der korrigierte Optimismus von Eckhart Schmidt, SZ, 12.3.1979
Stallone's Latest Fight von Jean Vallely, ESQUIRE, 9.5.1978
Ein amerikanisches Märchen von Hans C. Blumenberg, DIE ZEIT, 1.4.1977
The Invasion of the Movie Snatchers von David Denby, NEW YORK, 1.8.1983
Reagan's Pornographer von TRB, THE NEW REPUBLIC, 30.6.1986
The Soft Side of Rocky von Jolee Edmondson, THE SATURDAY EVENING POST (Datum unbekannt)
Rocky's Road von Joe Flaherty (Organ und Datum unbekannt)
Sylvester Stallone von Pat Hackett, INTERVIEW, Sep. 1985
J'etais aussi heureux lorsque j'etais fauche von Dany Jucaud, PARIS MATCH, 13.5.1988
Rambo III von Jean-Paul Chaillet, PREMIERE, Februar 1988
Das Kind könnte der Engel sein von André Müller, DER SPIEGEL, 19.10.1987
Drei Machos auf der Leinwand, CINEMA-Sonderband, Nr. 14
Der Tod im Reisfeld von Peter Scholl-Latour, DVA
Wenders – Augen kann man nicht kaufen von Peter Buchka, HANSER, 1983
Anmerkungen zu Hitler von Sebastian Haffner, KINDLER, 1978
Einführung in die Welt des Denkens von Karl Holzamer, BERTELSMANN, 1961
Roman Polanski von Roman Polanski, SCHERZ, 1984
Poe von Walter Lenning, ROWOHLT, 1959
Und eines der dümmsten Bücher überhaupt: *Sylvester Stallone* von Marsha Daly, BASTEI LÜBBE, 1986

Besten Dank an:

– Dorin Popa für drei aufschlußreiche Beiträge aus der französischen Presse

- Sylvester Stallone für Robert Teppers »No Easy Way Out«
- Maestro Wedigo von Schultzendorff für sein exzellentes Equipment
- Alexander Frese für astreinen Service
- Giovanni Simon und Berndt von Warner und Ute Röhrich von Columbia für freundliche Bilderdienste
- den Conte für gelegentlich liebenswerte Streitsucht
- die Damen der Videoverleiher, die taten, was sie konnten

Herzlichen Dank an:

- Patrizia Glück für das Zustandekommen des Interviews
- die Spirits aus der Stengelstraße (I'll never forget You)
- Klaus Keil für ganzheitliche Zuhörerschaft und turbomäßige Verstärkung
- Kurti Haderer für seine »Rambo«-Magisterarbeit, die ich aber erst jetzt lesen werde

und an Susanna Meyborg, die mein Herz bat ...

Register

A

Achternbusch, Herbert *50*
von Ackeren, Robert 149
Allen, Woody 103, 124 f., *126*
American Graffiti 74
Angel Heart 10
Annie Hall 103
Apocalypse Now 10
Aufstand der Engel 135
Avildsen, John G. 100

B

Bananas 81
Barfly 16
Beatty, Warren 10, 48, 124
Becker, Boris 86
Bickle, Travis 145
Bis ans Ende der Welt 57
Blade-Runner 129
Blau, blau, blau ist der Enzian 63
Bloom, Jacob 9, 14
Body-Heat 128
Bogdanovich, Peter 10
Bookman, Bob 118
Bound for Glory 109
Brando, Marlon 109, 111
Breaking Away 95
Brooklyn Blues – Das Gesetz der Gosse 74
Brooks, James L. 105

C

Capra, Frank 102
Carter, Jimmy 35 f.
Chaplin, Charlie 10, 124
Chariots of Fire 95, 140
Chinatown 57, 130, 149
Citizen Kane 124, 162
City Cobra 10, *23,* 60, 90, 135, *136,* 137, 139 f., 143, 145, 148
Colors 73
Coming Home 20

Conversation, The 97
Conway, Kevin 159
Coppola, Francis 10, 52, 59 f., 142, 153
Corman, Gene 116
Costner, Kevin 129
Cruise, Tom 128
Cry Full and Whisper Empty 82
Czach, Sasha 80

D

Death Race 2000 92
De Niro, Robert 57, *110,* 129, *146,* 146
Dirty Dancing 12
Dog Day Afternoon 91
Dog Soldiers, the French Lieutenant's Woman 116
Douglas, Kirk 102
Douglas, Michael 57, 113
Dukakis, Michael 38
Dutschke, Rudi 78
Dylan, Bob 71

E

Easy Rider 73, 114, *115,* 130, 158
Einsatz in Manhattan 82
Endstation Sehnsucht 111
Eszterhas, Joe 113, 116, 118, 120
E. T. 59
Executioner, The 143
Extension 81

F

Farbe Lila, Die 59
Farewell, my Lovely 92
Fassbinder, R. W. 34, 149
Ferrigno, Lou *27*
First Blood 48
F. I. S. T. – Ein Mann geht seinen Weg 10, 106, 109, 115 f., 118, 121 ff., 125, 148, 154, 159

189

Five Easy Pieces 116
flambierte Frau, Die 149
Flashdance 106
Flucht oder Sieg 79, 164
Fonda, Peter 115
Ford, John 49, 52
Förster vom Silberwald 63
Fox, Michael J. 129
French Connection 97

G

Galgen-Strick 124
George, Götz 149
Gere, Richard 128
Gorbatschow, Michail 92
Graf, Steffi 85
Grauman's Chinese Theatre 90
Guney, Ali 88

H

Hackman, Gene 131
Hammlett 51, 54, 54 f.
Harlan, Veit 140
Hawks, Howard 49
Heidi 63
Helden der Nation, Die 72
Hell's Kitchen 148
Henner, Marilu 56
Herkules 29, 62
Herkules, der Schrecken der Hunnen 63
High Noon: Zwölf Uhr mittags 108
Hill, Walter 71
Hoffman, Dustin 10, 129, 132
Hopper, Dennis 73, 115
Hudson, Hugh 96
Hurt, William 105, 128
Huston, John 164
Hutton, Timothy 128

I

Im Auge des Tigers 28
Im Reich der Sonne 59, 61
Im Zeichen des Bösen 149
Indiana Jones 129
Ingalls, Joyce 122
In the Same Breath and Sad Blues 82
Ishtar 10

J

Jackson, Jesse 90
Jäger aus Kurpfalz 63
Jenseits von Eden 149
Jewison, Norman 10, 116
Johansson, Ingemar 93
Jud Süß 140

K

Kaufmann, Phillip 71 f.
Kazan, Elia 102
Kennedy, Ted 106
Killing Fields 140
Kitty & Studs 81
Knievel, Evil 116
Kovacs, Laszlo 159
Kovak, Johnny 117
Kühnen, Patrick 87
Kuß der Spinnenfrau, Der 105

L

Labofish, Jacqueline 39
Lachmann, Ed 75
Lancaster, Burt 102
Lang, Fritz 143
letzte Kaiser, Der 106
letzte Versuchung Christi, Die 166
Limelight 124
Lords of Flatbush, The 74 ff., 84, 90

M

Maria Braun 149
Märthesheimer, Peter 149
Mature, Vic 102
McRae, Fred 159
Medavoy, Mike 116
M – Eine Stadt sucht einen Mörder 143
Midnight-Express 106
Mildenberger, Karl 94
Miller, Arthur 36
Minelli, Liza 34
Mission, The 140
Mitchum, Robert 92
Moonstruck 116
Moroder, Giorgio 106
Mosquito Coast 129
Mr. Deeds Goes to Town – Mr. Smith Goes to Washington 103

N

Nachrichtenfieber 106
Nachtfalken 79
Nasatir, Marcia 116 f.
Navratilova, Martina 85
Nervenbündel, Das 81
Newman, Paul 131
New York, New York 96
Nicholson, Jack 48, 57, 115, 117, 130, *131*
Nielsen, Brigitte 32, *69,* 91, *141,* 146
Nixon, Richard 92
No Place to Hide (Der letzte Ausweg) 82 f.
Nur Pferden gibt man den Gnadenschuß 96

O

One From the Heart 10
Ordinary People 124
O'Toole, Peter 110, 125, 162
Outsiders 142
Over the Top 34, 131

P

Pacino, Al 117, 129
Palmer, Patrick 118
Paradise Alley 10, 29 f., *122,* 148, 153 f., 156, 159 f., 162 f.
Paris Texas 51 f., *53,* 55
Pate, Der 59
Pate I und II 97 f.
Patterson, Floyd 94
Penn, Sean *128,* 128
Platoon 20, 106
Poe, Edgar Allan 14, 31, 38, 164
Polanski, Roman 143
Pollack, Sydney 48
Postman Always Rings Twice, The 116
Power, Tyrone 40
Puttnam, David 140

Q

Quayle, Anthony 82

R

Rafelson, Bob 116
Rain People, The 101
Rambo I 35, 139
Rambo II 77, 139, 166
Rambo III 14, 49, 92, 126, 131, 134, 142, 166, 171
Rambo IV 74
Reade, Walter 80
Reagan, Ronald 35 f., 173
Reddy, Helen 108
Redford, Robert 48, 124, 129
Reeves, Steve 64
Reisz, Karel 116
Right Stuff, The 72
Rocky I 35, 36, 45, 57
Rocky II 162
Rocky III 163
Rocky IV 32, 166
Rollerball 116
Rourke, Mickey 16, 128, 143, 153
Rumble Fish 153

S

Saturday Night Fever 79
Saustall, Der 149
Schlöndorff, Volker 36
Schroeder, Barbet 16
Schwarzenegger, Arnold 127
Schygulla, Hanna 149
Score 81
Scorsese, Martin 59, *60,* 145
Searchers, The 49, *50*
Senkrechtstarter, Der 79
Serpico 91
Shephard, Sam 55
Shire, Talia 98
Shootist, The 57
Sindbad 29, 62
Sindbad und das Auge des Tigers 28
Smith, Maria 74
Spielberg, Steven 59 f., *61*
Stadtneurotiker, Der 124
Stallone, Frank 40
Stallone, Jacqueline 39
Starwars 164
Staying Alive 12, *15,* 30, 79 f.
Stone, Oliver 106
Strasberg, Lee 102
Streep, Meryl 48
Susan, verzweifelt gesucht 75
Swayze, Patrick 128, *129,* 142

T

Tag der Heuschrecke 100
Taxidriver 110, 145, *146*
Till Young Men Exit 82
Tod eines Handlungsreisenden 36, 77
Tootsie 132
Topaz 10
Touch of Evil 82
Travolta, John 79

U

unerträgliche Leichtigkeit des Seins, Die 71

W

Waits, Tom *28*
Wald, Jeff 108

Wall Street 113
Wanderers, The 71, 73 f.
Warriors 71 f., 73
Was? 10
Wayne, John 49, 51, 57
Welles, Orson 10, 124
Wenders, Wim 51 f., 55 ff.
Weppner, Chuck 95
Wicki, Bernhard 52
Winkler, Henry 75
Witness 129
Wolf, Tom 72

Z

Zauberer von Oz 59
Zeit der Zärtlichkeit 106, 130
Zwerenz, Katharina 149

Das Gesamtverzeichnis der Heyne-Taschenbücher informiert Sie ausführlich über alle lieferbaren Titel. Sie erhalten es von Ihrer Buchhandlung oder direkt vom Verlag.

Wilhelm Heyne Verlag, Postfach 20 12 04, 8000 München 2